重庆市教育科学规划项目“高职学校专业对接产业机制研究”（项目编号：2017-CX-415）阶段性成果之一

重庆市高等教育学会高等教育科学研究项目“高职教育专业对接产业促进机制研究”（项目编号：CQGJ17163B）阶段性成果之一

高职院校
内涵式发展探略

GAOZHI YUANXIAO
NEIHANSHI FAZHAN TANLüE

曹　刚/著

西南财经大学出版社
四川・成都

图书在版编目(CIP)数据

高职院校内函式发展探略／曹刚著．—成都:西南财经大学出版社,2019.7
ISBN 978-7-5504-4007-4

Ⅰ.①高…　Ⅱ.①曹…　Ⅲ.①高等职业教育—发展—研究—中国
Ⅳ.①G718.5

中国版本图书馆 CIP 数据核字(2019)第 126002 号

高职院校内函式发展探略
曹刚　著

责任编辑:张明星
助理编辑:王青清
封面设计:墨创文化
责任印制:朱曼丽

出版发行	西南财经大学出版社(四川省成都市光华村街 55 号)
网　　址	http://www.bookcj.com
电子邮件	bookcj@foxmail.com
邮政编码	610074
电　　话	028-87353785
照　　排	四川胜翔数码印务设计有限公司
印　　刷	四川五洲彩印有限责任公司
成品尺寸	170mm×240mm
印　　张	11.25
字　　数	200 千字
版　　次	2019 年 7 月第 1 版
印　　次	2019 年 7 月第 1 次印刷
书　　号	ISBN 978-7-5504-4007-4
定　　价	75.00 元

前　言

高等职业教育是中国特色高等教育和职业教育相融合的教育模式创新。自改革开放以来，我国高等职业教育从星星之火到燎原之势，经历了近四十年的蓬勃发展，占据了高等教育的半壁江山，成为推动中国高等教育大众化的重要力量。高等职业教育为国家培养了大批高素质、高技能型专门人才，有力地促进了我国由人口大国向人力资源大国的转变，为我国经济社会的快速、健康、可持续发展以及高等教育自身的改革发展做出了巨大贡献。

高等职业教育是我国高等教育体系中与经济社会发展联系最直接、最紧密的部分，具有鲜明的地域性和依存度特征，在为区域经济和社会发展提供智力支撑和人才资源保障方面具有独特的区位优势。高职院校应紧紧抓住经济发展方式转变和区域经济转型带来的历史机遇，更好地服务学生成长成才，服务区域经济和社会发展，服务产业转型升级，服务国家战略，这是高职院校在新形势下的基本战略定位。为实现高职教育可持续性发展，高职院校应从服务区域经济社会发展的办学定位、人才质量立校、专业品牌建设、教师专业化成长、学生综合素质培育、校园文化建设、服务国家战略等方面探寻其内涵式发展之路。

本书是重庆城市管理职业学院赵坚、曹刚等教师主持、主研的重庆市教育科学规划项目“高职学校专业对接产业机制研究”（项目编号：2017-CX-415）和重庆市高等教育学会高等教育科学研究项目“高职教育专业对接产业促进机制研究”（项目编号：CQGJ17163B）的阶段性成果，是新形势下探索高职院校内涵式发展的有益尝试。由于时间仓促和水平有限，敬请读者斧正！

重庆城市管理职业学院 曹刚

2019 年 6 月

前言

目　录

第一章 高职教育内涵式发展概述

当前，我国正处于全面建成小康社会的关键阶段，统筹推动“五位一体”总体布局和协调推进“四个全面”战略布局，贯彻落实创新、协调、绿色、开放、共享的新发展理念，深化供给侧结构性改革，保持经济中高速增长，实施“中国制造 2025”“一带一路”建设和“乡村振兴”等战略，因此迫切需要教育优化人才培养结构，加快培养各类紧缺人才。技能型人才队伍，特别是高素质高技能型人才队伍的建设有着重要的战略意义。高职院校必须准确把握定位和发展方向，自觉承担起服务国家战略和经济社会发展的时代责任，主动适应区域经济社会发展需要，培养数量充足、结构合理的高端技能型专门人才，在促进就业、改善民生以及全面建成小康社会的历史进程中发挥不可替代的作用。

第一节 我国高职教育发展的历史沿革

高职教育即高等职业教育，以培养生产、建设、服务、管理第一线的高素质高技能型专门人才为主要任务。高职教育是高等教育的重要组成部分，具有高等教育和职业教育双重属性。高职教育有着不同于普通本科教育的特质：高职教育以适应经济社会发展需求、培养高端技能型人才为主线设计人才培养方案；以校企合作、工学结合、顶岗实习为基本途径构建人才培养模式；以“应用”为主旨构建课程和教学体系；以增强动手能力为目的强化实践教学环节；以“双师型”教师为特征建设师资队伍。

我国高职教育始于 20 世纪 80 年代初成立的职业大学，发展至今已有近四十年的历史。从星星之火到燎原之势，中国高等职业教育经历了从无到有、由弱到强的曲折成长历程。

一、恢复起步时期

20 世纪 80 年代初，是我国高等职业教育恢复起步时期。

就高等职业教育的实体而言，可以追溯到清朝末年创办的“高等农工商实业学堂”。高等实业学堂的培养目标和授业内容主要面向产业，为产业培养“专门人才”，且已具有一定的行业针对性，其培养目标、培养方向与今天的高等职业教育趋同。1898—1909 年，清政府学部立案的高等实业学堂共计 17 所，至 1909 年，尚存 13 所，学生 1 690 人。辛亥革命后，民国政府于 1912—1913 年制定、修补《壬子癸丑学制》，把高等实业学堂改称为“专门学校”。因专门学校偏重政法，流弊滋多，为加强实科教育，民国政府于 1928 年设立专科学校制度，专门学校改称为专科学校。

1949 年，中华人民共和国成立。为从根本上改变中国贫穷落后的面貌，把中国从一个落后的农业国变为一个先进的工业国，必须实现国家的工业化。工业、农业经济的发展，急需大量服务于各个行业的技术和管理人才。政府大力发展专科教育，1950 年颁布了《专科学校暂行规程》，1951 年颁布了《关于改革学制的决定》，对原有专科进行整顿改造，后模仿苏联办学模式，压缩高专，发展普通中等专业教育。

1977 年，国家恢复高考制度，本科专科院校随之恢复招生。1978 年 12 月，具有划时代意义的党的十一届三中全会召开，拉开了改革开放的序幕，党的工作重心转移到经济建设上来。改革开放初期，经济社会的快速发展与人才培养滞后的矛盾日益突显，为解决地方应用型人才严重匮乏和高等教育资源严重短缺的问题，原国家教委批准成立了金陵职业大学（现改名为金陵科技学院）等 13 所高等职业学校，一批以“收费、走读、不包分配”为特点而区别于当时一般普通高校的地方职业大学诞生，标志着我国高等职业教育的正式起步。

1985 年 5 月，《中共中央关于教育体制改革的决定》明确指出，我国教育事业落后和教育体制的弊端之一，表现在教育结构上，基础教育薄弱，学校数量不足、质量不高、合格的师资和必要的设备严重缺乏，经济建设大量急需的职业和技术教育没有得到应有的发展，高等教育内部的科系、层次比例失调。社会主义现代化建设不但需要高级科学技术专家，而且迫切需要千百万受过良好职业技术教育的初、中级技术人员，管理人员，技工和其他受过良好职业培训的城乡劳动者。《中共中央关于教育体制改革的决定》提出，积极发展高等职业技术院校，优先对口招收中等职业技术学校毕业生以及有本专业实践经验、成绩合格的在职人员入学，逐步建立起一个从初级到高级、行业配套、结构合理又能与普通教育相互沟通的职业技术教育体系。依据大力发展职业技术教育的要求，广大青少年一般应从中学阶段开始分流：初中毕业生一部分升入普通高中，一部分接受高中阶段的职业技术教育；高中毕业生一部分升入普通大学，一部分接受高等职业技术教育。《中共中央关于教育体制改革的决定》的出台，有力地推动了高等职业教育的发展，职业大学的数量由起步时的13所增加到20世纪80年代末期的126所。

1985年7月，经原国家教委同意，西安航空工业学校、国家地震局地震学校（现为防灾科技学院）、上海电机制造学校（现为上海电机学院）三所中等专业学校试办五年制技术专科，以中专名义招收初中毕业生，二年期满时，根据学生的学习成绩和志愿，按国家确定的比例，择优选拔一部分学生升入专科继续学习三年，考试合格后给其发放高等专科毕业证书。三所普通中专学校开始了“五年制技术专科”试点，这是我国五年制高职诞生的标志，并由此开启了五年制高职教育探索。

二、稳步发展时期

20世纪80年代中期至20世纪90年代中期，我国高等职业教育的法律地位得以确立，我国高等职业教育进入稳步发展期。

1986年12月15日，国务院发布《普通高等学校设置暂行条例》（国发〔1986〕108号）（以下简称《条例》。）《条例》第二条指出，本条例所称的普通高等学校，是指以通过国家规定的专门入学考试的高级中学毕业学生为主要培养对象的全日制大学、独立设置的学院和高等专科学校、高等职业学校。普通高等学校的设置，由国家教育委员会审批。该条例明确了普通高等学校包括了高等职业学校。

1991年10月，国务院颁布了《国务院关于大力发展职业技术教育的决定》（〔1991〕55号）（以下简称《发展决定》）。《发展决定》再次强调初步建立起有中国特色的，从初级到高级、行业配套、结构合理、形式多样，又能与其他教育相互沟通、协调发展的职业技术教育体系的基本框架。积极推进现有职业大学的改革，努力办好一批培养技艺性强的高级操作人员的高等职业学校。

1991年1月25日，国家教委与中国人民解放军原总后勤部联合批准试办邢台高等职业技术学校（现为邢台职业技术学院）；1994年4月28日，深圳高等职业技术学院（现为深圳职业技术学院）挂牌成立；1994年和1996年，国家教委两次发文共批准18所中等专业学校试办五年制高职班。

1994年6月，改革开放以来第二次召开全国教育工作会议。会议提出了“三改一补”发展高等职业教育的基本方针，即通过现有的职业大学、部分高等专科学校和独立设置的成人高校改革办学模式，调整培养目标来发展高等职业教育。仍不满足时，经批准利用少数具备条件的重点中等专业学校改制或举办高职班等方式作为补充。会议还提出从办学主体和办学模式上拓宽了高等职业教育的发展路径。这次大会的召开，极大地推动了我国高职教育的发展，成为我国高职教育发展的重要转折。

1996年5月15日，中华人民共和国第八届全国人民代表大会常务委员会第十九次会议通过了《中华人民共和国职业教育法》（以下简称《职业教育法》），明确了职业教育是国家教育事业的重要组成部分，是促进经济、社会发展和劳动就业的重要途径。《职业教育法》第十三条指出，职业学校教育分为初等、中等、高等职业学校教育。初等、中等职业学校教育分别由初等、中等职业学校实施；高等职业学校教育根据需要和条件由高等职业学校实施，或者由普通高等学校实施。其他学校按照教育行政部门的统筹规划，可以实施同层次的职业学校教育。《职业教育法》的颁布，在我国教育史上第一次以立法的形式，赋予了高等职业教育和高等职业学校在我国教育体系中应有的法律地位，职业教育从此走向了依法治教的道路。

三、蓬勃发展时期

20世纪90年代中后期至21世纪初期，中共中央、国务院和相关部委密集出台相关政策文件和法规，大力发展高等职业教育。同时，1998年全国高等院校开始大规模扩招，借助高校扩招的东风，我国高职教育进入了蓬勃发展的阶段。

1998年8月29日，中华人民共和国第九届全国人民代表大会常务委员会第四次会议通过了《中华人民共和国高等教育法》（以下简称《高等教育法》）。《高等教育法》的颁布和实施，把高等职业学校作为高等教育的一部分确定下来。《高等教育法》第六十七条规定，本法所称高等学校是指大学、独立设置的学院、高等专科学校，其中包括高等职业学校和成人高等学校。《高等教育法》的实施，进一步推动了我国高等职业教育的蓬勃发展。1998年，教育部提出了“三教统筹、协调发展”的高职教育发展思路。根据高等专科教育、高等职业教育和成人高等教育在人才培养模式上的共同特征，提出三种教育互相学习、共同提高、协作攻关、各创特色。至1998年底，经原国家教委批准独立设置的专科层次高校（包括高职、高专和成人高校）达到1 394所。

1998年12月，教育部制定《面向21世纪教育振兴行动计划》，并于1999年1月13日起开始施行。《面向21世纪教育振兴行动计划》提出，积极发展高等职业教育，是提高国民科技文化素质、推迟就业以及发展国民经济的迫切要求。同时，还提出了“三改一补”的方针发展高等职业教育，对于高等职业教育，除对现有高等专科学校、职业大学和独立设置的成人高校进行改革、改组和改制，并选择部分符合条件的中专改办发展高等职业教育之外，部分本科院校可以设立高等职业技术学院。为了加快发展高等职业教育的步伐，中等职业学校毕业生中有一定比例（近期3%左右）可进入高等职业学校学习；普通高中毕业生除进入普通高等学校外，多数应接受多种形式的高等职业教育，提高素质。高等职业教育进行“学校面向市场自主办学，学生自谋职业”的试点。

1999年6月13日，中共中央国务院发布《中共中央国务院关于深化教育改革，全面推进素质教育的决定》（以下简称《教育决定》）。《教育决定》强调，高等职业教育是高等教育的重要组成部分，要大力发展高等职业教育，培养一大批具有必要的理论知识和较强实践能力，涉及生产、建设、管理、服务第一线和农村急需的专门人才；现有的职业大学、独立设置的成人高校和部分高等专科学校要通过改革、改组和改制，逐步调整为职业技术学院（或职业学院）；支持本科高等学校举办或与企业合作举办职业技术学院（或职业学院）；省、自治区、直辖市人民政府在对当地教育资源的统筹下，可以举办综合性、社区性的职业技术学院（或职业学院）；要进一步解放思想、转变观念，积极鼓励和支持社会力量以多种形式办学，满足人民群众日益增长的教育需求，形成以政府办学为主体、公办学校和民办学校共同发展的格局；鼓励社会力量以各种方式举办高中阶段和高等职业教育。

2000年3月15日，教育部发布《高等职业学校设置标准（暂行）》，从学校负责人、师资队伍、教学设施、实习实训、课程建设、专业设置、招生人数等方面对高等职业学校的设置做出了明确规定。

2002年7月，国务院召开全国职教工作会议。同年8月24日，国务院发布《国务院关于大力推进职业教育改革与发展的决定》（以下简称《改革与发展的决定》）（国发〔2002〕16号），进一步确立了职业教育的战略地位，明确了“十五”期间职业教育改革发展的指导思想、目标和思路，努力开创职业教育工作的新局面。《改革与发展的决定》提出要扩大高等职业教育的规模，大中城市和经济发达地区要在继续发展中等职业教育和职业培训的同时，积极发展高等职业教育，有条件的市（地）可以举办综合性、社区性的职业技术学院。加强中等职业教育与高等职业教育，职业教育与普通教育、成人教育的衔接和沟通，建立人才成长“立交桥”。

2005 年 10 月 28 日，国务院发布《国务院关于大力发展职业教育的决定》(国发〔2005〕35 号)，进一步要求到 2010 年，高等职业教育招生规模占高等教育招生规模的一半以上。“十一五”期间，要为社会输送 1 100 多万名高等职业院校毕业生。

据教育部《2005 年全国教育事业发展统计公报》，2005 年全国共有普通高等学校 1 792 所，其中本科院校 701 所，高职（专科）院校 1 091 所；普通高等学校校均规模有较大提高，普通高等学校全日制本、高职（专科）在校生平均规模（不含独立学院和分校点）7 666 人。

四、示范院校建设引领内涵式发展时期

2006—2015 年，以示范高职院校建设为引领，我国高等职业教育进入内涵式发展、全面提升办学质量时期。

从 2006 年开始，国家启动示范高职院校建设计划，这一计划被誉为我国高职院校建设的“211 工程”。国家示范性高等职业院校的建设，标志着我国的高职教育从规模扩张转向内涵式发展。

2006 年 11 月，教育部、财政部发布《教育部财政部关于实施国家示范性高等职业院校建设计划加快高等职业教育改革与发展的意见》（教高〔2006〕14 号)。该意见提出，经国务院同意，在“十一五”期间实施国家示范性高等职业院校建设计划。通过实施国家示范性高等职业院校建设计划，使示范院校在办学实力、教学质量、管理水平、办学效益和辐射能力等方面有较大提高。该意见还指出要发挥示范院校的示范作用，带动高等职业教育加快改革与发展，逐步形成结构合理、功能完善、质量优良的高等职业教育体系，更好地为经济建设和社会发展服务。

该意见的具体任务：支持 100 所高水平示范院校建设，60 万以上在校生直接受益，为社会提供各类培训 200 万人次；重点建成 500 个左右产业覆盖广、办学条件好、产学结合紧密、人才培养质量高的特色专业群；培养和引进高素质“双师型”专业带头人和骨干教师，聘请企业行业技术骨干与能工巧匠；建成 4 000 门左右优质专业核心课程，1 500 种特色教材和教学课件；围绕国家重点支持发展的产业领域，研制并推广共享型教学资源库，为学生自主

学习提供优质服务；运用现代信息手段，搭建公共服务平台，为共享优质教学资源提供技术支撑；推动示范院校与经济欠发达地区的对口支援，与区域内中高等职业院校的对口交流，促进高等职业教育整体质量的提升。

《教育部财政部关于实施国家示范性高等职业院校建设计划加快高等职业教育改革与发展的意见》主要内容包括提高示范院校整体水平、推进教学建设和教学改革、加强重点专业领域建设、增强社会服务能力、创建共享型专业教学资源库。2006—2008 年，三年分别启动三批次共计 100 所示范院校的项目建设。

截止到 2009 年年底，我国高职高专院校数量达到 1 215 所，已占到高等学校数量的 60%左右，在校生规模也占到高校在校生规模的一半。10 年间，我国高职高专院校为社会培养了近 1 300 万高素质技能型专门人才。

为继续推进“国家示范性高等职业院校建设计划”工作，2010 年 7 月，教育部、财政部下发《教育部 财政部关于进一步推进“国家示范性高等职业院校建设计划”实施工作 的通知》（教高〔2010〕8 号），决定扩大国家重点建设院校数量，新增 100 所左右骨干高职院校，推进地方政府完善政策、加大投入，创新办学体制机制，推进合作办学、合作育人、合作就业、合作发展，增强办学活力；以提高质量为核心，深化教育教学改革，优化专业结构，加强师资队伍建设，完善质量保障体系，提高人才培养质量和办学水平；深化内部管理运行机制改革，增强高职院校服务区域经济社会发展的能力，实现行业企业与高职院校相互促进，区域经济社会与高等职业教育的和谐发展。

骨干高职院校建设按照地方推荐、评审立项、年度考核、动态管理、分期安排经费的方式，分年度、分步骤实施。2010 年遴选 40 所左右高职院校立项建设，2011 年、2012 年又分别遴选 30 所左右，2015 年完成全部项目验收工作。

五、优质院校建设创新发展时期

2015 年至今，从示范院校建设到优质院校建设，我国高职教育进入创新发展时期。

经过两批次示范、骨干院校建设的打磨，200 所示范骨干高职院校走上了规范化、优质化的运行轨道，成为中国职业教育发展的领跑者。

为更好地服务于“四个全面”战略布局和创新驱动发展战略，推动高等职业教育创新发展，进一步提升高等职业教育教学质量，2015 年 10 月，教育部编制了《高等职业教育创新发展行动计划（2015—2018 年）》（教职成〔2015〕9 号），启动了优质高职院校建设计划，着力打造一批办学定位准确、专业特色鲜明、社会服务能力强、综合办学水平领先、与地方经济社会发展需要契合度高、行业优势突出的优质专科高等职业院校，推动我国高职教育发展达到新高度。

第二节　高职教育内涵式发展的必然性

我国高职教育经过几十年的蓬勃发展，取得了令人瞩目的成绩：为经济社会发展培养了大批高素质、高技能型的专门人才，且高职教育的社会认可度有了明显的提高；高职教育规模迅速扩大，成为推动中国高等教育大众化的重要力量；形成了高职教育体系框架，丰富了我国高等教育的类型；满足了人民群众对高等教育的强烈需求，为广大适龄青年接受高等教育提供了更多的机会。

一、高职教育发展面临的主要困境

深刻审视我国高职教育的发展历程：一方面，高职院校数量迅速增加、规模迅速扩大，为我国经济社会的快速发展以及高等教育自身的改革发展做出了巨大贡献；另一方面，高职教育在快速成长的过程中仍面临诸多问题，直接影响到高职教育自身的可持续发展。

高职教育发展面临的困境主要表现在五个方面：

一是社会认同度不高。高职教育作为高等教育类型中的一种新生事物，尽管取得了长足的发展，为社会各行各业输送了众多的高素质高技能应用型人才。但是高职教育主要定位在专科层次，在人们的心目中难以和普通高等教育相媲美。长期以来，“学而优则仕”的思想在人们头脑中根深蒂固，传统的等级制度和身份观，使人们对高职教育冷眼相看。高职教育的专科层次，使高职学生毕业之后在求职路上屡屡受挫，岗位待遇报酬偏低，家长和学生对高职望而却步，这些更加重了人们对高职教育的漠视。高职教育在现实中遭遇到了认可却不认同的命运。

二是政府重视不够。与普通本科教育相比，各地政府对高职教育经费投入仍明显偏低。从全国水平来看，地方普通高职院校生均公共财政预算教育经费支出只有地方普通本科学校的56%。地方政府由于财力有限，对高职教育资金投入不足，高职院校资金来源单一、缺口较大，难以适应技能型人才的培养要求。一些高职院校由于资金缺乏，现有的教学设施、实训实习设施和图书资料难以满足教学需要，实践性教学难以开展。地方政府无论在高职教育的宏观外部环境优化上，还是在高职教育的统筹规划和政策制定实施上，抑或是在协调高职与各相关行业、企业的互动联系上都显得力度不够，投入不足。政府在高职教育发展中的管理者、协调者、监督者等角色扮演不到位。

三是办学定位不清。当前，某些高职院校仍沿袭普通教育办学模式和思路，没有找准自身的办学定位，将高职教育办成不上不下的中间位置，没有把办学目标落实到教学实践中。有的办成了本科的“压缩饼干”，有的办成了中职的“发面馒头”；有的过分追求“专升本”，使高职学生在一定程度上成了普通本科教育的预备生；有的不安心于本层次办学，把尽快升格为本科院校作为最大的追求。

四是办学特色不鲜明。在办学理念上不能妥善处理好职业性与学术性之间的关系，出现了专业设置的功利主义倾向。专业设置时没有经过充分调研，专业设置重复率高，专业建设滞后、缺少特色，加之实训基地条件较差，设备陈旧，数量不足，实训教师水平不高，使得专业自身不具备比较优势，培养目标与实际需要脱节，难以适应企业和市场的需要。缺少精品、没有品牌，已成为阻碍高职发展的一个不容忽视的重要问题。

五是生源质量下降。近年来，随着高考招生规模的扩大，给高职院校生源质量带来了一定的冲击。在中国现行的高考制度下，高职院校在高等学校招生中的录取批次较后，分数线较低，这就必然造成“低分学生进入高职院校”的现状；高职教育办学“层次不高”，难以引起考生关注，与一些本科大学相比明显处于劣势；高职院校办学特色不明显，加上部分毕业生就业时因文凭不高而受到冷遇，使学校在招生时缺乏竞争力；由于高职院校单独招生的实施，高职生源质量呈下降趋势。

二、内涵式发展是高职教育发展的必然选择

我国高职教育经过近四十年的蓬勃发展，规模迅速扩大，占据了高等教育的半壁江山，为我国经济社会的快速、健康、可持续发展以及高等教育自身的改革发展做出了巨大贡献。截止到 2017 年，我国高等教育总规模达 3 700 万人，占世界高等教育总规模的 20%，成为名副其实的高等教育第一大国；普通高校每年输送近 800 万名专门人才，职业院校每年输送近 1 000 万名技术技能人才；从业人员中有高等教育学历的人数已位居世界前列，我国正加速完成从人口大国向人力资源大国的转变。

任何事物的发展都要经历由量变到质变的过程，量的积累达到一定程度必然引起质的飞跃。我国高职教育跨越式发展达到一定阶段，必然要进行结构优

化、模式转型、秩序重构，走向内涵式发展。我国高职教育的发展已跨入一个由规模扩张为主的外延式发展向以质量提升为主的内涵式发展的转型期。随着我国高职教育逐步迈入稳定发展阶段，只有不断推进高职教育内涵式发展，着力解决高职教育办学定位不清、办学特色不鲜明、专业建设滞后、教育教学水平下降、办学吸引力不强等诸多问题，才能提升高职院校的办学实力，切实发挥高职教育在现代职业教育体系建设中的引领作用。

2011 年 8 月，《教育部关于推进中等和高等职业教育协调发展的指导意见》提出，高等职业教育要以提高质量、创新体制和办出特色为重点，优化结构，强化内涵，提升社会服务能力，努力建设中国特色、世界水准的高等职业教育。2011 年 9 月，《教育部关于推进高等职业教育改革创新引领职业教育科学发展的若干意见》提出，高职教育必须坚持以服务为宗旨、以就业为导向，走产学研结合发展道路的办学方针，以提高质量为核心，以增强特色为重点，以合作办学、合作育人、合作就业、合作发展为主线，创新体制机制，深化教育教学改革，围绕国家现代产业体系建设，服务中国创造战略规划，加强中高职协调，系统培养技能型人才，努力建设中国特色、世界水准的高等职业教育，在现代职业教育体系建设中发挥引领作用。2012 年 3 月，教育部颁布的《教育部关于全面提高高等教育质量的若干意见》提出，高等教育要坚持内涵式发展。牢固确立人才培养的中心地位，树立科学的高等教育发展观，坚持稳定规模、优化结构、强化特色、注重创新，走以质量提升为核心的内涵式发展道路。高职教育在稳定规模的同时，必须更加注重内涵发展，优化结构，强化特色，提升水平，满足人民群众接受优质高等教育的强烈需求，为我国实现高等教育普及化发挥重要作用。2017 年 10 月，党的十九大报告明确提出，完善职业教育和培训体系，深化产教融合、校企合作。加快一流大学和一流学科建设，实现高等教育内涵式发展。

三、内涵式发展与外延式发展比较

内涵与外延是形式逻辑学中关于概念的两个基本特征。内涵式发展和外延式发展借用了形式逻辑这两个概念来说明学校发展结构模式中两种不同的类型和发展路径。从高职教育发展的实践来看，外延式发展呈现为事物发展的量的增加，内涵式发展则追求事物的质的飞跃，二者的区别主要表现在以下三方面：

一是实施的方式不同。外延式发展中各类教育元素呈现单向联系，院校和用人单位之间鲜有互动；而内涵式发展则是以学校自我发展为主体，追求整体效益最大化。产教融合、校企合作，进一步加强了校、政、企的联系，政府、用人单位、学校、学生各方之间的实时互动，促进了高职教育协调、可持续发展。

二是衡量的指标不同。外延式发展是一种粗放式发展，体现的是学校数量增加、办学规模扩大、发展空间的拓展，是一种发展的显性增长，其衡量的指标是学校人、财、物的增量，关注的是学校规模、专业数量、学生人数、办学硬件等硬指标的显性增长。内涵式发展是一种精细化发展，强调的是学校办学结构的优化、办学质量的提高、办学实力增强，是一种发展的隐性增长，其衡量的指标是办学的质量和效益，关注的是师生身心的协调发展、教育质量的不断提高、办学效益的全面进步、学校竞争力的全面提升。

三是发展动力不同。外延式发展是为适应外部的需求而追求外形扩张；内涵式发展是一种以学校内部因素潜力的挖掘、资源的整合为发展动力的效率提升，追求的是学校自我可持续发展。

从哲学意义上分析，事物的发展变化是量变和质变的统一，这是事物发展的辩证法。量变和质变是对立统一的关系，二者相互依存、相互转化。一方面，量变是质变的必要前提和基础，没有量变就没有质变；另一方面，质变又是量变发展的必然结果，量变达到一定程度，必然引起质变。量变和质变的相互转化、相互交替，表明了万物运动发展的基本状态。高职教育内涵式发展与外延式发展并不是完全割裂的，内涵式发展是高职教育可持续发展的根本立足点，外延式发展是高职教育快速发展的必经阶段。只有在规模效益递增的基础上，才能实现规模、速度、质量和效益的均衡发展。

四、高职教育引领着职业教育的健康持续发展

各国经济社会发展的经验表明，经济越发展、社会越进步，越需要高质量的职业教育和高素质的技能型人才。2010 年，党中央站在社会主义现代化建设全局的高度，将构建现代职业教育体系确定为未来 10 年我国职业教育改革发展的根本性目标。“十二五”时期，推进职业教育改革和发展的中心任务就是建成具有中国特色、世界水准的现代职业教育体系。

（一）现代职业教育体系的内涵和特征

1. 现代职业教育体系的内涵

2010 年 7 月，中共中央颁布《国家中长期教育改革和发展规划纲要（2010—2020 年）》，提出构建现代职业教育体系的目标：到 2020 年，形成适应经济发展方式转变和产业结构调整要求、体现终身教育理念、中等和高等职

业教育协调发展的现代职业教育体系。现代职业教育体系有着丰富的内涵：一是现代职业教育要适应经济发展方式转变和产业结构调整需求，科学定位、合理布局，增强服务经济发展和产业调整变化的能力；二是现代职业教育应体现终身教育理念，将学生发展作为终极目标，强调学校的育人功能，增强学生可持续发展能力；三是中等和高等职业教育协调发展，形成中等和高等职业教育的合理结构，增强人才培养的针对性、系统性和多样化。

2. 现代职业教育体系的特征

（1）适应需求。

从职业教育的外部适应性来看，现代职业教育要满足两个需求：一是满足人民群众接受职业教育的需求，二是满足经济社会对高素质劳动者和技能型人才的需求。现代职业教育应适应经济发展方式转变、产业结构调整和人的全面发展需要，遵循技能型人才成长规律，科学定位、科学分工、科学布局，增强现代职业教育服务经济发展和产业调整变化的能力。

（2）有机衔接。

从职业教育内部系统来看，现代职业教育体系应统筹中等、高等职业教育协调发展，明确中、高职人才培养的规格、梯次和结构，以建立健全课程衔接体系为重点，促进中等和高等职业教育在人才培养目标、专业结构布局、课程教材体系、教育教学过程、信息技术应用、人才成长途径、教师培养培训、行业指导作用、校企深度合作、评价模式改革等十个方面的统筹与衔接，形成中等和高等职业教育的合理结构，切实增强人才培养的针对性、系统性和多样化。

（3）多元立交。

现代职业教育是一个开放的体系，与其他教育体系有着密切的联系。现代职业教育应以学生为本，将学生发展作为终极目标，推动职业教育与普通教育、继续教育相互沟通，坚持学校教育与职业培训并举、全日制与非全日制并重，建立技能型人才成长的“立交桥”，增强学生可持续发展能力。

3. 构建现代职业教育体系的重大意义

（1）构建现代职业教育体系是促进经济发展方式转变的重要支撑。

技术进步和产业需求是职业教育发展的根本动力。党的十七届五中全会提出了加快转变经济发展方式的战略任务。党的十八大进一步指出，以科学发展为主题，以加快转变经济发展方式为主线，是关系我国发展全局的战略抉择。转变经济发展方式，意味着经济发展将更多依靠科技进步、劳动者素质提高、管理创新驱动，从而加快建设创新型国家。加快转变经济发展方式，必须把技术技能型人才的培养作为实体经济发展的核心要素，这就迫切需要通过构建现代职业教育体系，建立和完善技能型人才系统培养制度，形成全面、灵活对接产业发展需求的人才培养层次结构和类型结构，加快培养产业结构调整优化升级急需的高端技能型人才，为我国转变经济发展方式、提升产业竞争力、建设创新型国家提供强有力的人才支撑。

（2）构建现代职业教育体系是加快建设人力资源强国的必然要求。

21世纪以来，我党深入实施科教兴国战略和人才强国战略，实现了从人口大国向人力资源大国的历史性转变。站在新的历史起点上，我党又做出了建设人力资源强国的战略部署。建设人力资源强国，要以“基本实现教育现代化”为重要前提，全面提高教育质量，为提高全民族素质服务；要以“基本形成学习型社会”为重要基础，促进人的全面发展和多样化成才；要以高层次人才、高技能人才为重点，统筹推进各类人才队伍的建设，培养和造就规模宏大、结构优化、布局合理、素质优良的人才队伍。加快建设现代职业教育体系，才能推动职业教育更好地承担起服务社会的职能，真正实现面向人人、面向社会办学，形成多样化人才培养格局，更好地满足建设人力资源强国的要求。

（3）构建现代职业教育体系是构建社会主义和谐社会的有力保障。

党的十八大提出了建设中国特色社会主义五位一体的总体布局，构建和谐社会是中国特色社会主义事业总体布局的重要组成部分。构建和谐社会、加强社会建设，必须以保障和改善民生为重点，推动实现更高质量的就业，千方百计地增加居民收入。建设现代职业教育体系，形成多样化的人才培养格局，才能不断满足人民群众接受教育的需要，使更多的人通过攀登“知识的阶梯”进入中等收入者的行列；通过加强各种类型的职业教育和技能培训，把低知识水平、低技能的劳动者提升到高技能的劳动岗位，进而提高他们的收入水平；通过密切职业教育与产业的对接，使教育结构更加符合经济社会发展的实际需要，增强人才培养的针对性、适用性，才能提高毕业生的就业能力和就业水平，逐步缩小社会收入差距。

（4）构建现代职业教育体系是实现教育事业科学发展的关键环节。

当前职业教育仍然是我国教育事业的薄弱环节，中等和高等职业教育在专业、课程与教材体系、教学与考试评价等方面仍然存在脱节、断层或重复现象，职业教育在很大程度上变成了“终结性教育”。职业教育整体吸引力不强，与加强技能型人才系统培养的要求尚有较大差距，制约了整个教育事业的科学发展。教育事业的科学发展应是全面统筹协调可持续发展。建设符合时代要求的现代职业教育体系，促进中等和高等职业教育统筹衔接和协调发展，促进职业教育与普通教育、继续教育的双向沟通，切实提高职业教育服务人民群众多样化学习、多样化成才需求的能力，成为职业教育发展的当务之急。

（二）切实发挥高职教育在现代职业教育体系建设中的引领作用

2010 年 7 月颁布的《国家中长期教育改革和发展规划纲要（2010—2020 年）》明确提出，构建现代职业教育体系是未来 10 年我国职业教育改革发展的根本性目标和核心任务，应切实发挥高职教育在现代职业教育体系建设中的引领作用。高职教育以培养生产、建设、服务、管理第一线的高端技能型专门人才为主要任务，肩负着引领整个职业教育健康持续发展的使命。《教育部关于推进高等职业教育改革创新引领职业教育科学发展的若干意见》（教职成〔2011〕12 号）提出，要努力建设中国特色、世界水准的高等职业教育，在现代职业教育体系建设中发挥引领作用。

1. 高职教育是培养高端技能型人才的基础力量

在现代职业教育体系中，高职教育建立在中等职业教育基础之上，处于技能型人才培养高端，在建设现代职业教育体系中发挥着引领作用。加快发展现代农业，提高制造业核心竞争力，推动服务业大发展，建设现代产业体系，迫切需要高职教育系统培养数以千万计的适应现代产业发展要求的高素质技能型人才。当前，现代产业体系对培养高端技能型人才的迫切需求，以及由“中国制造”向“中国创造”历史性转变过程中，高等职业教育被赋予新的期望。蓬勃发展的高等教育，为现代化建设源源不断地输送了高层次人才，提供了高水平的智力支撑和社会服务。

2. 高职教育是引领职业教育发展的示范力量

高职教育既强调“高”，又强调“职”，具有高等教育和职业教育双重属性，因其高等性、职业性，处于技能性人才培养链的较高层次，在职业教育中具有较强的骨干示范效应。高职教育在推动集团化办学，面向社会提供技术服务，传播和建设工业文明和企业文化方面，具有更为突出的优势和更为广阔的空间。高职教育必须坚持以服务为宗旨、以就业为导向，走产学研结合发展道路的办学方针，以提高质量为核心，以增强特色为重点，以合作办学、合作育人、合作就业、合作发展为主线，创新体制机制，深化教育教学改革，努力办出具有中国特色、世界水准的高等职业教育，在现代职业教育体系建设中发挥引领、示范和骨干作用。

3. 高职教育是我国高等教育大众化发展的决定性力量

中国特色的高职教育横跨高等教育和职业教育两大领域，对中国高等教育从精英教育阶段进入大众化教育阶段发挥了基础性和决定性作用。2012 年，全国高职院校已达 1 280 多所，在校生人数达 965 万。高职教育的发展，极大地提高了我国高等教育的毛入学率。1996 年，我国高等教育的毛入学率仅为 6%，2005 年上升到 21%，2012 年上升到 30%。据教育部《2017 年全国教育事业发展统计公报》，全国各类高等教育在学总规模达到 3 779 万人，高等教育毛入学率达到 45.7%。全国共有普通高等学校 2 631 所，其中，高职（专科）院校 1 388 所；普通高等学校校均规模 10 430 人，其中，本科学校 14 639 人，高职（专科）学校 6 662 人。麦可思调查数据显示，我国 88.1%的 2011 届高职毕业生为家庭第一代大学生。按照此比例推算，近三年高职教育为全国近 850 万家庭实现了高等教育学历“零”的突破，实现了教育代际向上流动。高职教育的蓬勃发展，有力推动了我国高等教育的大众化进程。

4. 高职教育是构建学习型社会的重要力量

学习型社会需要构建灵活开放的终身教育体系，努力做到学历教育和非学历教育协调发展，职业教育和普通教育相互沟通，职前教育和职后教育有效衔接，为形成学习型社会奠定坚实基础。《国家中长期教育改革和发展规划纲要（2010—2020 年）》提出，要树立全面发展、人人成才、多样化人才、终身学习、系统培养等人才培养的新观念；形成体系开放、机制灵活、渠道互通、选择多样的人才培养体制。高职教育必须主动面向社会、面向人人开展社会培训，重视优秀民族文化的传承与创新，实现基本公共服务均等化，充分发挥职业教育面向人人、服务区域、促进就业、改善民生的功能和独特优势，满足社会成员多样化学习和人的全面发展需要。

为实现高职教育可持续性发展，真正发挥高职教育在现代职业教育体系建设中的引领作用，高职院校应从服务区域经济发展的办学定位、人才质量立校、专业品牌建设、教师专业化成长、学生综合素质培养、校园文化建设、服务国家战略等方面探寻其内涵式发展之路。

第二章 高职院校的办学定位

党的十九大报告提出，“高度重视职业教育发展，深化产教融合、校企合作”。高职教育是我国高等教育体系中与经济社会发展联系最直接、最紧密的部分，应紧紧抓住经济发展方式转变和区域经济转型带来的历史机遇，更好地服务学生成长成才，服务区域经济和社会发展，服务产业转型升级，服务国家战略，这是高职院校在新形势下的基本战略定位。

第一节 服务学生成长成才

我国高职院校在长期的办学实践中，坚持以培养生产、建设、管理、服务第一线的专门人才为己任，着力于学生成长成才，不断增强学生可持续发展能力，为经济社会发展输送了大量高素质技术技能型人才。

一、高等职业教育具有高等教育和职业教育双重属性

高职教育既强调“高”，又强调“职”，兼具高等教育和职业教育的双重身份。

何为高等教育?《高等教育法》第二条对高等教育做了明确界定：本法所称高等教育，是指在完成高级中等教育基础上实施的教育。从高等教育在整个学制体系中的地位来看，高等教育是初等教育、中等教育、高等教育三级学制体系中的最高阶段，它是建立在完整的中等教育基础之上的教育。

高职教育中的“高”，是指高职院校在现代职业教育体系的纵向定位。高职教育首先是高等教育，具有高等教育的属性。高职教育必须贯彻国家的教育方针，为社会主义现代化建设服务、为人民服务，与生产劳动和社会实践相结合，使受教育者成为德、智、体、美、劳等方面全面发展的社会主义建设者和接班人。

高职院校是高等学府，是实施高等教育的场所，培养高层次的种类人才是其核心功能。“高层次”就是指教学内容、教育对象、教育目标的高层次。高职院校的“高等性”，尤其应突显其文化育人功能，即培养高素质技术技能型人才。高职院校的“高等性”也是其区别于中等职业教育和其他类型职业教育的显著特点，如果高职院校的主要功能仅仅是为劳动力市场提供“专业”的生产者，现代职业院校的大学生可能接受了丰富的专门职业知识，但却可能因为“人文教育”的缺失而并未受到真正的“高等教育”，这样的高职教育无异于短期的职业培训。

著名科学家爱因斯坦所强调的学校教育应该培养独立工作和独立思考的人。1936 年 10 月 15 日，爱因斯坦在美国纽约州立大学“美国高等教育 300 年纪念会”上的演讲中指出：“我也要反对把学校看作应当直接传授专门知识和传授在以后的生活中直接用到的技能的地方的那种观点。生活的要求太多种多样了，不大可能允许学校采用这样专门的训练。除开这一点，我还认为应当反对把个人作为死的工具。学校的目标始终应当是使青年人在离开它时具有一个和谐的人格，而不是使他成为一个专家。”

高职教育中的“职”，则表明了高职院校所属的教育类型，是一种横向上的定位。2014 年教育部等六部委颁布的《现代职业教育体系建设规划（2014—2020 年）》提出，职业教育层级有初等职业教育、中等职业教育和高等职业教育，高等职业教育在办好现有专科层次高等职业（专科）学校的基础上，发展应用技术类型高校，培养本科层次职业人才。由此可以看出，高职教育是职业教育的高级阶段，或者说是高层次的职业教育，职业性是其显著特点。高职教育区别于普通本科教育的地方在于高职院校更加注重产教融合、校企合作、工学结合的办学模式和人才培养模式，注重教育与生产劳动、社会实践相结合，突出做中学、做中教，强化教育教学实践性和职业性，促进学以致用、用以促学、学用相长。

二、高职院校人才培养目标

2018 年 9 月 10 日在北京召开的全国教育大会上，习近平总书记强调，培养德、智、体、美、劳全面发展的社会主义建设者和接班人，加快推进教育现代化、建设教育强国、办好人民满意的教育。2015 年 12 月 27 日，全国人大常委会发布了新修正的《高等教育法》，其明确提出，高等教育的任务是培养具有社会责任感、创新精神和实践能力的高级专门人才，发展科学技术文化，促进社会主义现代化建设。专科学生的学业标准：专科教育应当使学生掌握本专业必备的基础理论、专门知识，具有从事本专业实际工作的基本技能和初步能力。1996年5月修订通过的《职业教育法》规定，实施职业教育必须贯彻国家教育方针，对受教育者进行思想政治教育和职业道德教育，传授职业知识，培养职业技能，进行职业指导，全面提高受教育者的素质。2014年6月，国务院发布《国务院关于加快发展现代职业教育的决定》（国发〔2014〕19号），其明确指出，职业教育必须坚持以立德树人为根本，以服务发展为宗旨，以促进就业为导向，适应技术进步和生产方式变革以及社会公共服务的需要，深化体制机制改革，统筹发挥好政府和市场的作用，加快现代职业教育体系建设，深化产教融合、校企合作，培养数以亿计的高素质劳动者和技术技能人才。

由于高职教育兼具高等教育和职业教育双重身份，高职院校人才培养的目标：坚持社会主义办学方向，坚持立德树人为根本，以服务发展为宗旨，以促进就业为导向，培养拥护中国共产党领导和党的路线方针政策，具备人文素养、科学素养和可持续发展能力，具有良好的职业道德和创新精神，面向生产、管理、服务一线的高素质技术技能型人才，使学生成为德、智、体、美、劳全面发展的社会主义事业建设者和接班人。

三、关注学生的可持续发展

高职院校应遵循职业教育规律和学生身心发展规律，落实立德树人根本任务，把培育和践行社会主义核心价值观融入教育教学全过程，关注学生职业生涯和可持续发展需要，促进学生德、智、体、美、劳全面发展。发挥人文学科的独特育人优势，加强文化基础教育，注重学生文化素质、科学素养、综合职业能力和可持续发展能力培养，为学生实现更高质量就业和职业生涯更好发展奠定基础；充分挖掘和利用本地中华优秀传统文化教育资源，把中华优秀传统文化教育系统融入课程和教材体系，加强中华优秀传统文化教育；着力提升职业学校人才培养质量，加强职业精神培育，推进产业文化、优秀企业文化、职业文化进校园进课堂，促进职业技能和职业精神高度融合，着力培养崇尚劳动、敬业守信、精益求精、敢于创新的工匠精神；重视学生全面发展，推进素质教育和心理健康教育，增强学生自信心，满足学生成长需要，促进学生人人成才。

着眼于学生可持续能力发展，高职院校应依据区域产业发展对人才的需求，明晰人才培养目标；依据生源特点，系统设计、统筹规划人才培养过程；把提高质量作为重点，以服务为宗旨，以就业为导向，深化工学结合、校企合作、顶岗实习的人才培养模式改革；将国际化生产的工艺流程、产品标准、服务规范等引入教学内容，增强学生参与国际竞争的能力。坚持系统培养、多样成才，以专业课程衔接为核心，以人才培养模式创新为关键，推进中等和高等职业教育紧密衔接，拓宽技术技能人才成长通道，为学生多样化选择、多路径成才搭建“立交桥”。

第二节　服务地方经济社会发展

在地方经济社会发展和国家战略持续推进过程中，高职院校应发挥自身优势，提升服务国家战略、地方经济和行业企业能力，这是高职院校内涵式发展的价值体现和内在要求。

一、适应区域经济社会发展，科学定位发展方向

教育行政部门应积极联合相关职能部门，将高等职业教育纳入本地经济社会和产业发展规划，统筹区域经济社会发展与高职院校布局和发展规模，统筹应用型、复合型、技能型人才培养结构布局，形成适应区域经济结构布局和产业升级需要，优势互补、分工协作的高等职业教育格局。大力促进高职毕业生就业，为区域经济社会发展提供人才支撑和智力支持。

2017 年 6 月 14 日，教育部公布了 2017 年全国高等学校名单。截至 2017 年 5 月 31 日，全国高等学校共计 2 914 所，其中高职高专院校共计 1 388 所，高职教育占据了高等教育的“半壁江山”。另据《2013 中国高等职业教育人才培养质量年度报告》，近年来高职院校布局向下延伸。2012 年，全国 1 297 所高职院校中，有 630 所设置在地级市及以下地区，有近 200 所高职院校在县里办学，150 多所高职院校办在工业园区、开发区和科技园区，布局上比较适应区域经济社会发展，尤其是满足三线城市和县域经济的发展需要，成为推动地方发展的重要力量。据教育部 2007 年和 2017 年发布的数据比对，十年间，全国高职高专学校增长率达 18.84%，一共增加了 220 所。贵州省的高职高专学校数量增长最快，增长率高达 78.26%，其次是重庆市，增长率为 73.91%。

以重庆城市管理职业学院为例。重庆城市管理职业学院地处重庆市大学城，是由重庆市人民政府举办、国家民政部与重庆市人民政府共建的公办全日制普通高等学校。该学校原为民政部创办的重庆民政学校，2000 年划归地方，2001 年调整为重庆社会工作职业学院，2006 年更名为重庆城市管理职业学院，

2009年整体搬迁入驻重庆大学城。该学校是国家示范性骨干高职院校之一，是全国职业教育先进单位、全国普通高校毕业生就业工作先进集体、国家技能人才培育工作突出贡献单位。重庆城市管理职业学院立足现代城市服务和民政社会工作，确立了适应现代城市发展和公共事业发展的办学定位，努力建设成为特色鲜明、国内一流，具有国际先进水平的应用型高校；进一步明确了“积极面向城市发展、公共事业管理、健康养老服务一线，培养现代服务业和社会公共服务需要的高素质技术技能人才”的人才培养目标定位，不断推进学校内涵式发展，努力将学校建设成为国内一流，具有国际先进水平的特色鲜明的应用型高校，带动重庆及西部地区高等职业教育的改革与发展，更好地为城市管理与服务水平提升、重庆区域经济社会发展改革服务。

同样地处重庆市大学城的重庆电子工程职业学院，坚持贯彻落实重庆市的规划战略，服务重庆区域经济发展，紧紧依托显要区位优势，以“电子信息为特色，培养先进制造业、现代服务业等技术密集型产业领域一线需要的高素质技术技能型人才，注重应用研发与技术服务”的办学定位，按照“用电子技术提升先进制造业，借助信息化手段增值现代服务业，由数码艺术发展新兴创意产业”的专业发展思路。该学校通过培育专业特色引领办学特色，开设与重庆电子信息、汽车摩托车、装备制造等支柱产业发展高度契合的专业56个。同时，为适应重庆市重点打造的电子核心基础部件产业等10大战略新兴产业集群，学校创新专业产业“集群式”对接思路，着力打造云计算与信息安全、智能制造技术等11个特色专业群，持续深化对非“电”专业的带“电”改造，更加突出电子信息办学特色，更加聚焦重庆电子信息产业发展。

二、紧贴产业转型升级，优化专业结构布局

高职教育有着显著的地域性特征，对地方经济发展有着较大的依赖性，与地方发展是一种合作共赢的关系。高职院校应主动适应区域产业需求，围绕区域经济社会发展总体规划和主体功能区定位，合理确定人才培养规格。根据经济社会发展实际和不同职业对技能型人才成长的特定要求，修订专业目录，做好专业设置，优化专业布局。据《2018中国高等职业教育质量年度报告》数据，全国高职院校专业建设中，为适应产业转型升级需求，服务新产业、新装备、新动能的专业点数量大幅增加，智能制造、电子信息、移动互联技术等专业点数达12 000多个，服务民生需求的康复护理、健康养老等专业点数达3 126个，专业支撑新兴产业发展能力增强。部分专业积极调整办学方向，增设大数据应用技术、云计算技术、物联网、智慧城市、智能医疗技术、现代农

业等新兴专业方向近300个。如重庆城市管理职业学院重点面向第三产业，紧密契合重庆产业结构调整、城市现代服务业和公共事业发展对人才的新需求，背靠行业企业，开展专业设置、调整和建设。2016年，重庆城市管理职业学院的3年学制招生专业有46个，涵盖公共管理与服务、电子信息、装备制造、土木建筑、财经商贸、文化艺术、教育与体育、新闻传播、农林牧渔、资源环境与安全、医药卫生、旅游、交通运输13个高职专业大类。经过多年的专业建设与改革，已形成校级、省级、国家级三个层面的专业建设体系。学校当前已建或在建市级及以上重点建设的专业有市级重点专业、特色专业14个，国家级重点专业、特色专业7个，在建国家现代学徒制试点专业4个，主持在建国家级专业教学资源库专业1个。

高职院校面向新兴产业新增专业，服务新兴产业、民生需求和国家重大战略的专业点数量大幅增加，进一步丰富了学生的就业选择面，为学生创造了更好的发展空间。

三、满足社会需要，增强服务社会能力

高职院校应搭建产学研结合的技术推广服务平台，面向企业开展技术服务，推进科技成果转化；面向新农村建设，提供农业技术推广、农村新型合作组织建设等服务；建立专业教师密切联系企业的制度，引导和激励教师主动为企业和社会服务；搭建继续教育平台，开放教育资源，开展高技能和新技术培训，普及科学文化知识，实现先进文化的传播与辐射；参与社区教育，服务老年学习，在构建国家终身教育体系和建设学习型社会中发挥积极作用。如重庆城市管理职业学院，通过近年来的建设，立足民政社会工作，不断提升社会服务能力，拓展社会服务功能，扩大社会服务内容和服务领域，从而服务社会管理与民生、服务生产性行业和区域经济。社会工作专业教师开发了重庆市社会工作人员职业水平考试认证制度，填补了社会工作职业水平的层次缺陷；物联网应用技术专业教师为重庆普天普科通信技术公司开发自动化标识卡测试系统，并为企业节约测试费用110多万元；物流管理专业教师为圣都物流园区企业开展叉车操作人员培训，使叉车和托盘使用率从2010年不到20%提高到现在的80%，货物装卸转运效率比原来提高1倍，成本下降50%。

四、服务国家战略，提升综合实力

高职院校与经济社会发展联系密切，服务国家战略是高职教育发展的必然趋势，也是高职院校自身发展的内在需要，更是核心竞争力的直接体现。在

“西部大开发”“新型城镇化建设”“一带一路”“精准扶贫”等国家战略持续推进中，高职院校应积极应对、主动作为：一是高职院校以其专业门类齐全、课程综合全面、较高水平的教学设施等优势，通过完善自身发展，加强专业建设、职业培训、市民教育、服务“三农”等为“西部大开发”和“新型城镇化建设”提供人才支撑和智力保障；二是通过孤儿高等教育助学工程、涉农院校和涉农专业建设、有效实施农村科技成果转化、为农业现代化培养新型职业农民、大力开展东西部职业教育协作扶贫等路径服务“精准扶贫”“乡村振兴”；三是通过积极开展境外合作办学和培训、拓展来华留学教育、加强师生跨文化交流等路径，服务“一带一路”建议。为提升高职教育国际影响力，应鼓励和支持高职院校加强国际交流与合作，推动文化传播；积极参与职业教育国际标准和规则的研究与制定，提高高等职业教育的国际影响力；服务大型跨国集团和企业的境外合作，开展技术培训，满足企业发展需要和高技能劳务输出需要；积极开展中外合作办学，引进优质教育资源，提升办学水平。

第三节 服务现代产业发展

建构高职教育与区域经济、现代产业发展的共生系统，是当代经济发展的大趋势。这个系统能够满足现代产业发展对高技能人才的需要，保证产业的持续性发展，又能够使高职教育始终围绕区域经济、现代产业来进行，保证高职教育健康、有效地发展，而不是脱离目标、盲目发展。为此，需要在理论和发展策略研究上，深入分析高职教育与现代产业发展的相关性，即高职教育与现代产业发展之间的内在联系，弄清楚两者之间存在什么样的关系，如何通过高职教育活动的优化和学科专业的结构调整，更有效地与现代产业发展崛起的实际需要衔接、互动。

一、高职教育、现代产业及发展

在国民教育体系中，高职教育是属于高等教育的一个十分重要的组成部分，它主要是培养能满足生产、建设、管理、服务等第一线需要，在掌握专业必需的文化基础知识和专业知识的基础上重点掌握从事本专业领域实际工作的基本能力和基本技能，德、智、体、美、劳等全面发展，并具有良好的职业道德和敬业精神的高素质劳动者和技术技能人才。高职教育强调的是职业针对性和技能培养，是以实际的人才市场需求为导向的就业性质的教育。

所谓产业就是指由于社会分工所形成的，有着不同的生产资料、产品和服务，相互联系的社会经济部门，表现为产品或服务、企业、行业的集合体。具有共同的生产资料、产品和服务的社会经济体形成产业，而拥有不同的生产资料、产品和服务则形成另外的产业。按照产品形态的不同，它可以分为物质生产部门和非物质生产部门；也可以分为第一产业、第二产业、第三产业；还可以分为传统产业和新兴产业，等等。而现代产业是指较多地使用现代科学技术和现代管理方法的产业，如高科技含量、高附加值的信息、生物、航天、新能源等产业。现代产业发展则是指现代产业的成长过程，它既是整个现代产业的成长过程，也是单个现代产业的成长过程。这个成长过程一方面表现为产业结构的调整、变化、升级，另一方面又表现为单个产业中企业数量、产品或者服务在数量上的变化，而且主要以结构变化为核心，以现代产业发展结构优化为发展方向。

高职教育与现代产业发展之间存在着十分密切的联系，高职教育就是要满足现代产业发展对人才的需求，而现代产业发展又推动高职教育的发展。

二、高职教育与现代产业发展的内在联系

产生于20世纪60年代的教育经济学，对教育与产业之间的关系进行了较为系统的分析。按照教育经济学的观点，职业教育发展的规模、速度与结构取决于经济发展水平、产业结构，合理的职业教育必然与之存在对称性关系。著名经济学家舒尔茨等所创立的人力资本（Human Capital Management）理论，更加深化了对生产要素中人力资源作用的认知。舒尔茨认为人力资本是体现在人身上的资本，即对生产者进行教育、职业培训等支出及其在接受教育时的机会成本等的总和，表现为蕴含在人身上的各种生产知识、劳动与管理技能以及健康素质的存量总和。在经济增长中，人力资源是一切资源中最主要的资源，人力资本的作用远远大于物质资本，因此，必须把教育投资视为人力资本投资。依靠教育提高人口质量，是形成人力资本最基本的手段。

职业教育，特别是高职教育是形成高素质劳动者和技术技能人才的投资和活动，对现代经济和产业发展而言，高品质的人力资本是基本保证和生命线，因而高职教育可以说极其重要。从理论经济学角度来看，高职教育与现代产业发展的关系是属于核心资源的配置和利用，并且它们是密不可分的，是共生关系。

从现代产业发展的结构变化来看，首先，高职教育是以现代产业结构现状为发展的基点，高职教育的产出规模、结构和质量是与这个结构现状相匹配

的；其次，现代产业结构变化趋势又是高职教育发展的行动方向，高职教育的发展必须与这个变化趋势同向；再次，由于高职教育的产出周期较长，需要根据现代产业结构变化的具体要求，实现教育的超前性，以达到动态化的协调性。对于现代产业来说，劳动资源的需求是多类型、多规格的，这主要体现在劳动要素市场，特别是人才市场的需求结构上。在产业发展的初期、中期，对劳动要素的需求通常以第一产业、第二产业为主体，集中在物质资料生产部，以初级人才需求为主，而随着现代产业结构的不断优化、升级，现代产业发展对劳动力的需求就逐渐由以初级人才为主向以中级人才为主过渡，进而最终变为以高级人才为主。同时，由于现代产业结构的升级、换代和社会专业分工的发展，人才需求的类型和规格呈现多样化趋势。目前，世界主要发达国家，根据自己的形势，都在部署新经济和科技发展制高点的重大战略，重点发展如新能源、信息、环保、生物等新兴产业。我国也及时提出了相应的战略，即要加快传统产业转型升级，推动先进制造业和服务业特别是现代服务业的发展。立足我国的国情，根据我们在科技、产业等方面的基础，我们应重点培育和发展如新能源、新材料、环保、信息技术、生物等的战略性新兴产业，从而提升我国产业的层次，建设我国自己的现代产业体系。因此，作为人才市场主要供给方的高职教育，就必须与这些变化趋势相向而行，从而满足对人才的多样化需求，不仅如此，对上述现代产业人才的培养还必须提前进行，超前培养。只有这样，现代产业发展有了人才资源的支撑，才有发展的基础。

高职教育作为人才市场的供给方，是以现代产业发展需求为导向，以现代产业发展结构为依据的。但同时，高职教育又是相对独立的活动领域，它并非被动地去满足这些需求，而是会很大程度上地影响和制约现代产业结构变化和产业的整个发展。其具体表现：一方面，高职教育通过专业设置和专业结构调整，反映产业对人才的需求，实现供求一致，合理的专业结构使人才能满足现代产业发展的需要。高职教育能把劳动者个人需求与社会产业需求相结合，将具有不同职业能力和职业偏好的劳动者引导到相应的产业职业岗位，从而充分发挥个人的潜能，提高劳动资源的配置效益。这实际上就是人才资源配置的方式和途径。与此同时，高职教育培养目标不仅着眼于岗位专业知识技能的要求，而且着眼于受教育者的全面素质的培养，这包括人文素养的养成、职业道德的熏陶、创新能力的培养等。另一方面，高职教育对现代产业结构优化升级具有特殊的作用。这个作用表现在为新型产业的发展壮大提供大量高技能应用型人才和现代管理人才。在现代化生产的条件下，只有人的素质全面提高，特别是劳动者素质的提高，并能充分发挥他们的主动性、积极性和创造性，才能加速现代经济、产业的发展。在战略性新兴产业快速发展的背景下，人力资本的作用越来越突出，知识和技能取代了机器而成为生产力发展的决定性因素，不论物质资本多么充裕，如果没有上述的这类人才资源，结构优化升级都是一句空话。

高职教育的人才供给状况会受到诸如主流社会认识、教育经费投入、教育管理体制、教育者和受教育者素质等的影响，主要表现为三种状态：一是供求均衡，即高职教育的人才供给与现代产业发展的人才需求达到平衡，这包括高职教育产出规模、结构和质量是与现代产业结构发展相匹配的。均衡状态是教育资源有效配置的标准之一。二是供过于求，即高职教育的人才供给大于现代产业发展的人才需求。供过于求的原因在于高职教育投入规模过大或者是结构布局失衡。这种状态会造成教育资源的浪费。同样，毕业生在劳动力市场上找不到对口的工作，就会闲置或用非所学，这也会造成教育资源的浪费。三是供不应求，即高职教育的人才供给小于现代产业发展的人才需求，这包括总供给小于总需求，教育培养的某些专业的人才满足不了社会经济发展的需求不属于供不应求的情况。供不应求的原因在于高职教育投入规模过小或者是结构布局失衡。这种状态就会限制现代产业发展，而供不应求的结构失衡，表明教育资源没有被用来培养对口的专业人才。可见，高职教育人才供给与现代产业发展的人才需求只有达到均衡，才能够满足现代产业发展对高技能人才的需要，既保证产业的持续性发展，又能够使高等职业教育资源有效利用。

通过以上的分析，我们能较清楚地把握高职教育与现代产业发展之间的内在关系。现在的问题是怎么样处理好两者的关系，如何使高职教育能满足现代产业发展对人才的需求。

三、高职教育服务现代产业发展的对策建议

当前，我国经济正处在转型发展期，产业结构在调整升级，对相应的职业岗位也提出了新的要求，技术人才的需求量越来越大，人才结构越来越复杂，对劳动者的素质、技能、能力和专业知识水平要求越来越高。虽然我国高职教育近二十几年来取得了较快速的发展，办学规模不断扩大，但是，相对于需求来说，高技能人才总量不足、结构不合理的现状没有改变。所以，要想使我国高职教育与现代产业发展相适应，培养出规模适度、结构合理、素质较高的人才，可以从下面几个方面着手。

（一）准确把握现代产业发展所需要的人才

高职教育人才培养的方向，就是依据国家产业发展战略，加快急需人才的

培养，造就大批适应新兴产业发展需求的人才。这对于发展战略性新兴产业、推动产业结构升级调整、建设现代产业体系都至关重要。必须清楚现代产业发展所需要的人才是哪些，需要多少，规格是什么，等等。这需要相关部门共同参与，强化对区域各级、各类技能人才需求情况的分析研究，有效预测人才需求总量和结构，并定期发布。

（二）建立高职教育与现代产业的互动机制

高职教育与现代产业的互动机制实际上就是建立人才需求与供给的调整机制。这个机制的建立首先需要对高职院校进行改革，进一步扩大院校在办学、专业设置、招生等方面的自主性，使其能够真正按照人才需求而不是原来的计划来培养人才；其次，要充分利用市场机制的作用，主要包括价格、竞争等机制，进一步推动供求关系的合理性，推动高职院校之间的合理竞争，从而使教育资源的配置更加有效；最后，政府相关部门要积极引导人才市场，避免市场机制可能产生的盲目性，建立人才需求的预测和预警机制。

（三）建立高职教育发展的长效机制

由于教育的特殊性，高职教育人才培养的周期也较长，导致人才培养的“时滞”现象较为普遍。这就要求高职教育一定要优先发展，先走一步，超前把握现代产业发展动向，形成科学准确的数量、结构和规格的评价，并将之融入专业设置、课程体系、教学活动之中，建立指向未来的超前式的人才培养模式。只有这样，高职教育的人才培养才能适应并在一定程度上引领现代产业的发展。

（四）优化高职院校的专业结构

专业结构对于高职院校来说十分重要，只有合理的专业结构才能满足现代产业发展、产业结构升级的需要。同时，由于存在可能的“时滞”现象，使得高职院校培养的人才不能及时跟上产业所需。所以，必须尽快对高职院校现有的专业及结构进行评估，看其是不是市场所需要的，其变化趋势如何，再依此进行调整，使其达到最优状态。就实际情况来看，相关部门有必要加强对高职院校专业结构的宏观调控，需要建立分学科、分专业的评估体系，从而有效引导高职院校优化专业的设置和培养规模。与此同时，高职院校也需要加强专业整合，促进多学科交叉融合，大力发展复合型、交叉型学科专业，加强复合型人才的培养。

第三章　高职院校的立校之本

教育教学质量是高职院校的立校之本、生存之基、发展之源。高职院校应坚持以教学为中心，深化教育教学改革，不断提高人才培养质量，推动高职院校的内涵式发展。

第一节　确保教学的中心地位

人才培养是高职教育的根本使命，高职院校各级党政领导应将提升教育教学质量作为高职院校开展各项工作的指导思想，使各项工作服从和服务于教学，确保教学工作的中心地位。

一、强化立德树人工作

党的十九大报告提出，要全面贯彻党的教育方针，落实立德树人根本任务，发展素质教育，推进教育公平，培养德、智、体、美全面发展的社会主义建设者和接班人。高职院校应把立德树人作为教育的根本任务，坚持育人为本，德育为先，将社会主义核心价值观融入人才培养全过程，帮助学生树立正确的世界观、人生观和价值观，切实发挥思想政治理论课育人的作用。重点加强高职大学生爱岗敬业、诚实守信、团队合作的职业道德教育，注重职业道德教育与专业课程教学的相互渗透，强化学生的诚信品质、敬业精神和责任意识。

二、加强教育教学管理和监控

一是将教学评价纳入教师个人考核。立足教学是老师分内之事，教书育人是教师的天职，应加大教学评价在教师个人评优评先、职称评定、个人能力评价、绩效考核中所占比例，扭转重科研轻教学、重教书轻育人的现象。二是严格教学管理，健全教学质量监控体系。通过开展教学督导工作，实现以督导学、以督导教、以督导管，开展教风、学风专项巡查，规范教学秩序，加强日常教学管理与监控，鼓励教师努力提高教学水平，全面提升教育教学质量。三是加强教风和学风建设。健全师德建设长效机制，加强师德师风建设，激励教师以教书育人为己任，切实履行教师职责，争做“四有好老师”，努力提高人才培养质量。引导教师潜心教学，坚守教师的职业本色；立德树人，做学生的良师益友；甘于奉献，致力于教育教学改革；言传身教、为人师表，以良好的道德操守和学识风范教育感染学生。以培养高素质技能型人才为目标，改进学生教育教学管理模式，培育良好学风。进一步引导学生明确学习目的，端正学习态度，增强纪律意识，营造浓厚的学习氛围，激励学生以积极向上、开拓进取的精神投入到学习生活中，不断提升专业技能。以教风和学风建设促进学校校风建设，着力营造良好的育人环境。注重构建教学质量保障与监控体系，坚持全程性、全面性、全员性原则，制定教学质量监控的人才培养方案制定标准、主要教学环节质量标准、职业技能鉴定质量标准等，组建督导、学生信息员和企业兼职教学质量信息员监控队伍，形成完整的教学质量监控体系。

三、深化教育教学改革

一是深化校企合作、工学结合、顶岗实习的人才培养模式改革，积极试行多学期、分段式等灵活多样的教学组织形式，努力实现专业与产业对接、教学过程和生产过程对接；二是从职业需求和学生的发展出发，探索半工半读、工学交替、任务驱动、项目导向等教学模式改革，突出人才培养的针对性和灵活性；三是紧贴岗位实际生产过程，改革教学方法，倡导启发式、探究式、讨论式、参与式教学，积极开展项目教学、案例教学、场景教学、模拟教学；四是建立和完善“双证书”制度，实现学历证书与职业资格证书对接；五是探索建立“校中厂”“厂中校”等形式的实践教学基地，为校内外实训提供真实的岗位训练、职场氛围和企业文化，强化教学过程的实践性、开放性和职业性。

四、完善人才培养质量保障体系

建立社会、行业、企业、教育行政部门和学校等多方参与，以能力水平和贡献大小为依据的高职教育质量评价体系，把行业规范和职业标准作为学校教学质量评价的重要依据，把社会和用人单位的意见作为职业教育质量评价的重要指标，建立以行业企业为主导的高职教育第三方评价机制。职业院校办学条件、教师编制等实施标准，以及专业设置标准、国家级示范校和示范专业点建设等工作都应听取有关行业的意见。吸收行业、企业、研究机构和其他社会组织共同参与人才培养质量评价，将毕业生就业率、就业质量、创业成效等作为衡量人才培养质量的重要指标，形成相互衔接的多元评价机制。

第二节　高职院校课程开发与课程建设

课程是有效实施高职院校教育教学计划、实现高职教育人才培养目标的基础，加强课程建设是提高教学水平和人才培养质量的重要保证。高职院校的课程建设包括课程规划设计和课程实施两个方面。课程的规划设计，主要解决教什么的问题，即课程设置、课程标准和课程体系的构建问题；课程的实施，主要解决如何教的问题，即如何通过有效的教学活动，较好地实现人才培养目标的问题，即教学模式的构建问题。

一、依据高职教学规律和国家教学标准开发课程体系

遵循高职教育教学规律，严格执行教育部《高等职业学校专业教学标准》，着眼于专业对应职业岗位或职业岗位群所需职业能力分析，确立人才培养规格；紧扣职业领域工作过程中的典型工作任务，梳理岗位所需人才应达到的基础知识、专业技能和职业素质目标，结合专业特色优化课程结构，科学构建公共基础课、专业课、专业核心课程相互衔接的课程体系；依据高职大学生认知规律和学习心理，有效安排实践教育教学活动，注重学生专业认知实习、跟岗实习、顶岗实习等实践性教学环节的有机衔接，增强学生的实践操作能力，更好地适应未来工作需要。高职院校课程开发和课程体系的建设，应立足国家经济社会发展，跟进国家战略，契合区域产业结构调整、布局和优化升级需要，把握行业发展最新趋势和专业知识发展最新领域，不断汲取专业新知识、新工艺、新技能，做到课程建设因时制宜、因势而新。适应经济发展、产业升级和技术进步需要，建立专业教学标准和职业标准联动开发机制。推进专业设置、专业课程内容与职业标准相衔接，推进中等和高等职业教育培养目标、专业设置、教学过程等方面的衔接，形成对接紧密、特色鲜明、动态调整的职业教育课程体系。全面实施素质教育，科学合理设置课程，将职业道德、人文素养教育贯穿培养全过程。

二、依据行业企业标准推进课程建设

努力探索产教融合、校企合作的办学模式。对行业、企业开展社会调研，组建专业建设指导委员会，引进行业、企业专家参与课程开发、课程体系建设和人才培养方案的制订；把“双证书”制度纳入专业人才培养方案，实现课程设置与职业资格证书的有机衔接，教学内容与国家制定的职业分类和职业资格制度相适应，构建专业教育与职业标准对接，学历证书与职业资格证书对接的课程体系；注重课程开发的科学流程，在广泛征求行业、企业意见的基础上，对应职业岗位或职业岗位群工作过程中的典型工作任务，开发职业岗位能力标准，构建岗位能力模块课程体系，建设课程教学资源，并形成质量跟踪反馈评价机制，持续推进课程教学的改进。

三、依据教学需求推进教学资源建设

教学资源建设主要包括能够满足学生专业学习、教师专业教学研究和教学实施需要的教材、图书、设施设备、实训场地及数字化资源等。

一是按照国家规定选用优质教材，完善教材选用制度，经过规范程序择优选用教材；二是图书文献配备应满足人才培养、专业建设、教学科研等工作需要，方便师生查询、借阅；三是数字教学资源配置方面，应建设、配备与本专业有关的视频素材、教学课件、数字化教学案例库、虚拟仿真软件、数字教材等专业教学资源库，形成种类丰富、形式多样、使用便捷、动态更新的立体化教学资源库。

四、创新课程教学模式

坚持校企合作、工学结合，强化教学、学习、实训相融合的教育教学活动。推行项目教学、案例教学、工作过程导向教学等教学模式。加大实习实训在教学中的比重，创新顶岗实习形式，强化以育人为目标的实习实训考核评价。健全学生实习责任保险制度。积极推进学历证书和职业资格证书“双证书”制度。开展校企联合招生、联合培养的现代学徒制试点，完善支持政策，推进校企一体化育人。

以重庆城市管理职业学院物流管理专业为例。该学校物流管理专业以“港区校”合作育人平台为载体，构建“三方联动，五环相扣”的人才培养模式，即由学校与重庆两路寸滩保税港区、西永保税区、西部现代物流园区、重庆圣都物流园、重庆市物流与供应链协会以及紧密型合作企业共同组建政、企、校三方联动的“港区校”协作会，搭建起合作育人平台，并通过协作会的支持，在课堂教学、实践训练、技能竞赛、顶岗实习和就业创业等五个教学组织环节形成人才共育、成果共享、风险共担的培养机制，从而实现高素质技术型物流专门人才培养目标。物流专业通过开展岗位职业能力调研，以物流师中级职业资格标准为依据，建立起对接物流岗位职业能力的专业教学标准，构建了“双证融通”课程体系。以校企人员互聘为突破口，先后实施校企人员互聘和双讲师制、双导师制、校企合作专员制：通过双讲师制，兼职教师与专任教师共同承担教学任务，对核心课程实施分段式授课，实现了专兼教师在教学方面的优势互补；通过双导师制，聘请合作单位的管理或技术人员与校内专任教师共同指导学生实践训练。实施“工作过程导向”教学法，对核心课程开展任务驱动的教学改革，对“运输管理”“仓储管理”“配送作业与运营管理”等核心课程在校内外开展理论与实践一体化教学，并实施项目教学改革；制订能力鉴定方法改革方案，“物流设施设备”“物流法律法规”“商品包装存储与养护”“配送中心运营管理”等10门课程实施能力鉴定改革。例如，“运输管理”课程，将课程按业务流程过程分为10个项目，不同的项目分别设计相应的知识目标、能力目标、任务描述、案例导入、项目任务、知识小结、知识拓展案例及案例分析思考、技能训练、复习思考题等，培养学生具有一定理论知识、较强业务操作能力和一般管理水平，增强学生的可持续发展能力，更好地适应经济和社会发展需要。

五、充分运用现代信息技术推进课程建设

在“互联网+”时代，充分运用现代网络信息化手段进行课程开发和课程建设成为一种必然。在信息技术嵌入的情况下，可以充分利用网络信息覆盖面广、内容更新迅速、操作简单易行的优势，构建数字化教学资源，推进跨区域、跨行业、跨学校的精品课程、视频公开课、在线开放课程建设，实现优质教学资源的共建共享，最大程度地拓展学生的知识面，增强教学的互动性和生动性，提高学生参与学习的热度和广度。与传统教学管理手段相比，网络平台可以突破时间、空间的限制，使学生、教师和管理者在学习、指导与管理上更好地协同；可以使师生处于一个相对开放、自由、生动的环境中交流、沟通和互动，实现教师教育与学生自我教育的融合；可以充分整合和优化网络信息资源、校园内部资源和社会外部资源，进而达到丰富教学资源的目的。

依托数字化网络课程平台，以丰富的教学资源为基础，有利于实施混合式教学模式改革，推进线上线下教学的有效互补。将网络课程平台学习纳入课程

教学总体范畴，构建线上线下综合考核评价体系，开展同步教学，实现线上线下教学的有机融合；以知识模块重构和优化课程内容，突出教学重点、难点，促进教材体系向教学体系的有效转化；构建丰富多样的学习资源，同步开展在线答疑指导，促进学校之间、师生之间、学生之间的资源共享和互动交流。

第三节　基于能力本位的高职教育人才培养模式改革

教育的主要任务是培养社会所需的人才。高职院校应培养既有较高理论素养，又有较强实践能力的高素质技术技能型人才。能力本位职业教育是对学科本位职业教育的超越，能力本位取代知识本位的人才培养模式体现了高职教育教学的必然发展趋势。

一、能力本位教育概述

（一）能力本位职业教育的理论基础

20世纪70年代，有多种研究成果融入了能力本位职业教育的设计，如布卢姆的掌握学习理论、波法姆的标准参照测验、吉革的最低限度能力测验等。

掌握学习理论认为，任何学生，只要给以足够的时间和充分的指导，都可以掌握所学的内容，达到事先规定的教学目标。标准参照测验用来比较学生所达到的水准，根据这种比较来划分等级，这是具有一定主观性的测验。最低限度能力测验提出了某个职业中上岗水平的最低能力标准，这些能力标准的确定是建立在对该职业分析的基础上的，它们可以用测量的术语来陈述并尽可能在真实的职业环境中测量。这反映当今能力本位职业教育所强调的职业评定的重点以及尽可能在现实生活情景中进行评定的能力。

能力本位职业教育是一种以满足企业需求为主，强调能力培养、能力训练的职业教育。它以全面分析职业角色活动为出发点，以提供产业界和社会对培训对象履行岗位职责所需要的能力为基本原则，强调学员在学习过程中的主导地位，其核心是如何使学员具备从事某一职业所必需的实际能力。这种教育是以从事某一具体职业所必须具备的能力为出发点来确定培养目标、设计教学内容、方法和过程，评估教学效果的一种人才培养模式。

（二）能力本位职业教育的特征

以能力为本位的职业教育的主要特征包括：以能力而不是以学科或学术知识体系为教学基础，以职业能力作为教育目标和评估标准的基础，以通过职业分析确定的综合能力作为学习的科目，以职业能力分析表所列的专项能力从易到难来安排教学，打破了传统的以学科为体系来制订教学计划的做法；强调学生的自我学习和自我评价，教师负责按教学计划开发（DACUM）图表所列的各专项能力开发模块式的学习套件；学生要按学习指南的要求并根据自己的实际制订学习计划，采用自己的方式进行学习，完成学习任务后，先进行自我评价，认为达到要求时再由教师进行考核、评定；教学上的灵活多样和管理上的科学严格，强调企业的需求和学生在学习过程中的主体作用；按照企业和职业上的不同要求，可以用 DACUM 方法来开发各种长短不一的课程。

二、高职院校人才培养存在的问题

（一）培养方向模糊

高职教育的培养目标是培养具有一定理论基础的高素质技术技能型人才。一些高职院校不能正确认识职业教育的特色，不能科学定位，在办学中出现两种倾向：一是向一般性本科院校、综合性大学靠拢；二是向中等职业技术学校或职业培训机构靠拢。这完全偏离了高等职业技术教育的培养目标和正确定位，丢掉了生存发展空间，使职业院校陷入困境。由于学校定位模糊，摸不准社会需求，在教学上就没有了“中心思想”，整个教学过程处于被动局面，基础课程和专业课程严重脱节，导致培养出来的学生找不准就业方向。

（二）教学模式存在的弊端

一些高职院校的教学模式仍然没有摆脱普通高校的教学模式。理论学习比较抽象，不利于与生产实践相结合。原有教学模式主要是重学科性的基础知识而轻知识在经济和社会生活中的实际应用。通常是为了学知识而学知识，为打基础而打基础，而不是学会如何应用知识。理论学习具有盲目性，缺乏针对性。学生在学习理论课时，只是盲目进行接收，学习目的不明确，对所学内容只是机械性地记忆。在实践中，学生不会运用理论知识指导实践，难以提高学生的学习积极性。同时，学生还缺少实践操作的机会，造成他们的实践能力不强。重课程理论体系的完整，轻课程之间的整合和渗透。理论教学与实践教学由不同的教师讲授。各个课程自成体系，缺乏应有的沟通，造成了理论和实践的脱节。同时，一些高职院校的教学与实际的脱节。传统教学方法是理论教学和实践教学分阶段进行的，理论基础不扎实，实践时不能很好利用理论知识，也就谈不上用理论来指导实践训练。高职教育的教学内容、教学方法等还不能适应劳动力市场变化的需要，教师对生产服务第一线的经营管理、劳动组织、技术工艺了解不够，专业技能和实践教学能力还不够强。

(三) 考核方式存在的问题

高职院校的考试方式单一，仍以笔试为主。考试内容重知识轻能力，且只能覆盖所要求掌握的必要知识的极小一部分，而不可能考查所有要求掌握的知识与技能，也难以正确评价一个学生的职业技能水平。

(四) 人才培养与市场需求脱节

高职院校的办学模式、课程设置、教学内容、教学方法等还不能适应劳动力市场变化的需要，教师对生产服务第一线的经营管理、劳动组织、技术工艺了解不够，专业技能和实践教学能力还不够强，这使得高职院校培养出的人才不适应市场需求。

三、高职院校开展能力本位教育培养人才的必要性

高职教育的培养目标是为经济建设第一线培养具备综合职业能力或技术应用能力和基本素质的技术技能型人才。技术创新的竞争成为未来世界竞争的重点。因此，重视培养技术技能型人才的技术教育已成为发达国家的共识。

一是社会发展的需要。市场竞争的实质是人的能力竞争，离开能力，人在市场经济中就缺乏竞争的前提。市场经济对人的能力的需求，在当前毕业生择业中，已得到充分的证明。知识经济时代，要求职业教育重视对学生综合素质的培养，知识经济的生命和源泉在于创新，即知识创新、技术创新。因而经济与科技的竞争，就不仅仅是人才数量的竞争，更重要的是人才素质的竞争。这就要求高职教育要注重提高学生的综合素质，以增强竞争力。

二是高职教育发展的趋势。职业教育教学过程的本质是把传授知识、培养智力、形成技能、发展个性作为基本任务。社会对从业人员要求的是动态的能力结构而非静态的知识水平，检验教学质量的重要标准是学生的能力。科学的教学机制无不把培养学生的能力作为基本点，而为社会生产、建设、服务一线培养高素质技术技能型人才的高职教育更应该在教学中坚持以能力为本。

四、高职院校开展能力本位教育进行人才培养的建议

一是把握能力本位思想的精髓。在理论探索和实践创新中，都应注意把握能力本位教育思想理论及其模式的精髓。探索其发展规律，积极探索能力本位教育模式推广的规律，为我国的职业技术教育改革的深化提供可借鉴的经验和理论指导。

二是确立合理的个人和社会培养目标。合理的社会培养目标就是造就一批具有良好职业素质和较强职业能力的职业技术人才，这需要通过改革职业院校

现有的培养模式，探索新的培养模式。个人培养目标的确立应以社会培养目标为依据。在确立个人目标的过程中，首先需要通过教学改革唤起社会，特别是企业和用人单位对职业技术教育的关注和参与意识，推动社会主义市场经济条件下的职业技术教育运行机制的形成，明确教学目标，使教师的教和学生的学具有很强的针对性。

三是采取科学、可行、系统、渐进的改革原则。面向高职院校的能力本位教育改革是一个系统的工程，执行时需要遵照以下几个原则：其一，科学性原则。以科学的方法论指导设计整个改革过程，实施过程中注重采用各种方式收集各方面反馈信息，及时对改革过程进行监控和调整。改革中重视阶段性总结和评价，避免改革失控，从而确保改革在科学的理论指导下运转。其二，可行性原则。教改中确定试点专业时须考虑可行性。首先是试点专业的教师结构，其次是教师对教改的积极性，最后是专业应具有一定的代表性。只有具备以上条件的试点所取得的经验才有价值。其三，系统性原则。学校必须重视教学改革，属于教改问题的各部门不能有阻力，这样才能全面反映教改中各种问题，探索适合我国国情的职业教育体系，有效地为我国职业教育提供科学的咨询建议。其四，渐进性原则。能力本位教育的实施一定要采取谨慎、渐进的策略，那种突变式的、一步到位的实施策略，极可能是盲目的和不现实的。

四是有步骤、有秩序地推进专业改革，带动全面改革实现。全面改革的实现，首先，在试点院校进行探索，在试点院校中既可对具有代表性的旧专业进行改造，也可对新开办的专业进行全面借鉴实施；既可对某一专业进行整体改革，也可对某一门课程进行改革。先在条件好的专业进行试点，取得经验后，再在其他专业逐步推广，要抓重点专业的试点工作。其次，抓重点教改内容，整体教改是一项复杂的系统工程，它不但要改变课程设置和教学方法、手段，而且还要改变教育观念。

五是加大资金投入，完善培养制度。必须去除普通教育与职业教育一头重、一头轻的观念和做法。政府应该对职业教育在资金投入和政策上倾斜，并建立相应的职业训练实习基地。发挥政府职能和社会中介机构的作用，建立职业教育专业和办学模式自主调整的信息反馈和调节机制。

六是改革教学、招生、培养制度，建立独立的教学体系。实行灵活的教学制度，高职院校应积极进行制度创新，建立适应经济建设、社会进步和个人发展需要的教学制度。改革高职院校招生和学籍管理制度，多种形式招收应届和往届高中毕业生就读高职院校。采用灵活的选课制和学分制，使高等职业教育的课程设置更加灵活，更能培养学生的能力。

加强课程改革和教材建设，要积极开展现代课程模式，把知识传授和能力培养结合起来，增强课程的灵活性、适应性和实践性，构建适应经济建设、社会进步和个人发展需要的课程体系，建立健全课程开发和教材编写机制。

建立相对独立的实践教学体系，及时吸收科学技术和社会发展的最新成果，改革实验教学内容，减少演示性、验证性实验，增加工艺性、设计性、综合性实验，逐步建立科学、系统、开放的实践教学体系，使技能训练与职业资格证书相结合、专业能力中传统技术与现代高新技术应用能力相结合。以能力本位的教育思想指导课程设计，进行人才培养，不但能够较好地解决课程的系统性与实用性之间的关系，又有利于培养生产、管理、服务第一线的应用型人才。基于能力本位教育的一体化模块式教学在职业技术教育中的作用越来越明显，制订相应的教学计划和教学大纲，编写配套的教材已成为当务之急。在高职院校开展能力本位教育，对提高高职院校人才培养质量有很大帮助。

五、现代学徒制人才培养模式改革

2014 年 2 月，国务院印发《国务院关于加快发展现代职业教育的决定》（国发〔2014〕19 号），提出了“开展校企联合招生、联合培养的现代学徒制试点，完善支持政策，推进校企一体化育人”。2014 年 8 月，教育部印发《教育部关于开展现代学徒制试点工作的意见》（教职成［2014］9 号），制订了现代学徒制人才培养工作方案。2015 年 8 月，教育部遴选 165 家单位作为首批现代学徒制试点单位和行业试点牵头单位；2017 年 8 月，教育部确定第二批 203 个现代学徒制试点单位。

现代学徒制是指高职院校与用人单位开展深度合作，院校教师与企业资深员工联合传授，在实践教学环节主要采取“师父带徒弟”的培训形式，对学生施以技能培养为主的现代人才培养模式。现代学徒制区别于普通大专班、订单班和冠名班的最大特色，是更加注重技能的传承，由校企共同主导人才培养，设立规范化的企业课程标准、考核方案等，体现了校企之间的深度融合。

现代学徒制人才培养模式的主要内容包括：一是院校招生与企业招工一体化，试点院校根据合作企业需求，与合作企业共同研制招生与招工方案，实施“招生即招工、入校即入厂、校企联合培养”。二是深化工学结合人才培养模式改革，这是现代学徒制试点的核心内容。选择适合开展现代学徒制培养的专业，引导职业院校与合作企业根据技术技能人才成长规律和工作岗位的实际需要，共同研制人才培养方案、开发课程和教材、设计实施教学、组织考核评价、开展教学研究等。校企签订合作协议，职业院校承担系统的专业知识学习和技能训练；企业通过师傅带徒形式，依据培养方案进行岗位技能训练，真正实现校企一体化育人。三是加强师资队伍建设。校企共建师资队伍是现代学徒制试点工作的重要任务。现代学徒制的教学任务由学校教师和企业师傅共同承担，形成双导师制。校企双方通过密切合作，加大学校与企业之间人员互聘共用、双向挂职锻炼、横向联合技术研发和专业建设的力度。四是形成与现代学徒制相适应的教学管理与运行机制。试点院校应与合作企业根据现代学徒制的特点，共同建立教学运行与质量监控体系，共同加强过程管理。

建立现代学徒制是深化产教融合、校企合作，推进工学结合、知行合一的有效途径，有利于促进行业、企业参与职业教育人才培养全过程，实现专业设置与产业需求对接，课程内容与职业标准对接，教学过程与生产过程对接，毕业证书与职业资格证书对接，职业教育与终身学习对接，提高人才培养质量和针对性。通过实施校企双主体育人、学校教师和企业师傅双导师教学，进一步明确了学徒的企业员工和职业院校学生双重身份，切实提高生产、服务一线劳动者的综合素质和人才培养的针对性。以重庆城市管理职业学院现代学徒制人才培养改革为例，重庆城市管理职业学院连锁经营管理专业现代学徒制人才培养改革，经过前期“顶岗实践”的探索、“订单培养”的积累，2017 年正式立项为教育部第二批现代学徒制试点专业。该专业依托 10 余家世界 500 强、中国连锁百强零售连锁企业，确立“学校专业+百强企业”的现代学徒制人才培养思路，明确为“百强企业”培养经理人（职业店长、部门经理、创业合伙人）的人才培养目标，实施“招生招工一体化”，构建“学校与企业双主体、学生与学徒双重身份、教师与师傅双重指导、工作与学习双重途径、技能与素养双重提升、就业与职业双重发展”的“六维一体”的协同育人模式，实施“3+2”（3 天学校学习、2 天企业实岗训练）教学组织与运行模式，构建学生从“学徒—员工—经理人”的渐进式成长路径，为行业培养大量营运管理类技能型人才，人才培养质量和针对性显著提高，校企联合育人成效获得行业企业高度认可。该专业已成为连锁经营管理专业国家教学标准主要制定单位，成为 500 强企业职业店长培养基地。

第四章　高职院校专业品牌建设

当前，我国高职教育正处在快速发展期，也是改革与创新、突显职业教育类型的关键时期。以服务地方经济和社会发展为目标，灵活调整和设置专业，加强专业建设，是高职教育的一个重要特色，是高职院校整体办学水平和办学特色的集中体现，也是高职院校内涵式发展的重要内容。

第一节　高职院校专业品牌建设的必要性

如何打造学校专业品牌，提升品牌价值，用品牌驱动学校持续健康发展，是全面推进高职院校内涵式发展的一项整体性、战略性和根本性的工作。

一、品牌及高职院校专业品牌的内涵

品牌是一个名称、名词、符号或设计，或者是它们的组合，其目的是识别某个生产者的产品或劳务，并使之同竞争对手的产品和劳务区别开来。对企业来讲，品牌已经不再是一种单一的标记，而是一个含义更加丰富的概念，它存在于消费者的心目中，是企业最重要的无形资产。特色和质量是品牌的本质、基础，也是品牌的生命，因此，品牌是一种精神象征、一种价值理念，是优异品质的充分体现。

近年来，品牌的理念、战略、策略及方法被引入教育，形成了打造学校品牌、专业品牌、课程品牌、教师品牌的热潮。从国内高职院校品牌打造来说，主要集中在学校、专业两个层面，其中，专业品牌尤为突出。专业品牌是专业特色与质量的体现，其打造就是要构建具有差异性的、有特色的以及高质量的品牌专业。这个品牌专业的主要构成要素除了准确的专业细分、科学的人才培养方案、专业的师资队伍、完善的课程体系、良好的实训条件等以外，从借鉴企业品牌战略（IS 战略）的角度，还应当包括该专业的“识别系统”（IS），

即理念识别、行为识别、视觉识别等，它是品牌所特有的识别系统，专业品牌建设必须建立起这样的系统。两部分要素构成统一的整体，起到相互促进的作用。

二、专业品牌的基本功能

基于企业品牌战略的视角，专业品牌具有三个基本功能：一是认知功能。通过一套识别系统，帮助被教育者尽快认识和寻找所需要的服务———专业，这是品牌最基本的功能。二是甄别功能。通过品牌显示专业的特色，该专业在被教育者眼中必须是独有的、不可替代的。三是内建功能。通过品牌的形成及维护，使品牌所有者为始终保持其价值而有所作为，努力提高对被教育者的服务质量，在内涵上下功夫，这是品牌最高层次的功能。

三、实施专业品牌战略，是高职院校增强核心竞争力的重要手段

（一）实施专业品牌战略，有利于提升高职院校办学理念

随着高等教育大众化进程的加快，高职院校各专业在人才培养上的竞争也日益加剧。在科技日新月异、人才竞争异常激烈的今天，如何培养适应市场需求的人才，并使自身在激烈的市场竞争中立于不败之地，很重要的一点就是学校要具有适应社会发展需求的品牌和特色。高职院校专业品牌的知名度和美誉度，是高职院校发展的有利条件。一所成功的高职院校专业品牌，往往具有较高的质量和较好的品牌形象，好的品牌形象能给学院带来较高的美誉度。这就需要高职院校不断适应时代发展的要求，在确定人才培养目标和方式上适应新形势的变化，不断创新和提升办学理念，不断摸索和总结经验教训，在实践中逐步形成独具特色的品牌模式。

（二）实施专业品牌战略，有利于提高高等职业教育质量

高职院校内涵式发展的关键是要提高教育教学质量，其核心是专业建设。高职院校专业品牌所体现的办学质量和管理水平，是高职院校生存的前提。开展高职院校专业品牌建设，推动着教育教学质量的提高。反过来，高质量的教育教学又进一步维护了高职院校的品牌形象。因此，高职院校要在办学中办出特色和提高教育质量，就要借鉴企业品牌管理的理念和经验，把建立院校自己的专业品牌作为管理上最大的追求。专业建设能够紧密联系高职院校生存和发展的客观环境以及自身的具体条件，发展比较优势，努力在几个专业上培育核心竞争力，以示范骨干专业的建设为龙头，辐射其他相关专业，从而带动整个专业群的发展，提升院校的品牌优势。以专业建设为抓手，全面推进学校的人

才培养模式创新，加强课程建设、实验实训条件建设、“双师型”教师队伍建设、教育教学管理组织系统和质量保障体系建设等工作，实现高职院校更高的发展目标。

（三）实施专业品牌战略，有利于增强高职院校办学竞争力

提高高职院校在教育领域中的地位和竞争力，是目前亟待研究的课题。高职院校不同于一般普通本科院校学科型办学模式的特质就在于，高职教育要走校企合作、工学结合的道路，培养高素质高技能型人才。只有明确类型特征和培养目标，才能科学定位，把高职教育办成一种独特的高等教育类型。高职院校要在高等职业教育的实践中不断探索和总结高职教育的经验，从地方经济发展和社会对高素质高技能型人才的需求出发，确定教育对象、教育内容和教育运作体制，逐步形成具有自身特色的高职专业教育品牌，逐步提高高职院校的核心竞争力，以适应教育品牌时代的到来。

（四）实施专业品牌战略，有利于高等职业教育的可持续发展

在高职院校内涵式建设的推进过程中，通过专业品牌建设，有利于集中思想、集中财力、集中精力，通过集约建设、内涵发展、品牌锤炼，凝练优质资源，提升办学层次，促进学校可持续发展。专业建设关系到高职院校的专业布局和办学特色。高职院校的专业设置和调整必须紧紧瞄准产业发展变化态势，抓住市场脉搏，对市场变化有着敏锐的感受力。在充分了解经济社会发展趋势的基础上，对未来劳动力市场的需求及职业教育的发展方向做出科学预测，采取积极主动的办学应变措施，建立灵活的反应机制，增强专业设置的灵活性，及时调整专业方向，使专业设置积极适应社会和市场需要。通过及时跟进政府决策、产业结构调整和市场信息，积极、主动进行专业建设，才有可能提升人才培养的总体质量，增强学校的办学效益。

第二节　高职院校专业品牌建设的IS战略

教育部高等教育教学评估中心主任范唯曾在《中国青年报》上发表《专业是高职学校的品牌和灵魂》一文，他特别指出“专业是高职学校改革的一个非常好的切入点和突破口，是高职学校的品牌和灵魂。一所学校只要能建出一两个特别不同凡响的专业，就能在未来有立足之地”。专业品牌已经是学校最宝贵的资产，是学校的核心竞争力，因此将企业品牌战略中的CIS应用于高职院校的专业建设，是高职院校发展的一个重要突破口。

一、企业 CIS 战略的内涵

专业品牌建设可以借鉴 CIS 来实现。CIS 是英文 Corporate Identity System 的缩写，即“企业识别系统”。企业识别系统由三个元素构成，即理念识别、行为识别、视觉识别。理念识别是一个企业在生产经营活动过程中的经营理念、经营信条、企业使命、企业目标、企业哲学、企业文化、企业性格、企业座右铭、企业精神和企业战略等的统一化。企业理念是企业在开展生产经营活动中的指导思想和行为准则。行为识别包括对内和对外两部分。对内包括对干部的教育、员工的教育、生产福利、工作环境、生产效益、研究发展等；对外包括市场调查，产品开发、公共关系，其他促销活动以及公益性、文化性活动等。企业的行为识别几乎涵盖了整个企业的经营管理活动。视觉识别一般包括基本设计、关系应用、辅助应用三个部分。基本设计包括企业名称、品牌标志、标准字、标准色等；关系应用包括办公器具、设备、招牌、标识牌等；辅助应用包括样本使用法、物样使用规格及其他附加使用等。

二、高职院校品牌专业建设 IS 战略的基本内容

专业品牌建设通过引入企业识别系统，实施专业识别系统战略即 IS（ Identity System）战略，把过去关于专业建设的好的做法与 IS 战略结合起来，从一个全新的角度、切入点来进行专业建设，一定会取得很大的收获。通过 IS 战略，将理念识别、行为识别、视觉识别用于具体管理实践活动，一方面，使专业教育的成员对专业的制度管理达成共识和认可；另一方面，又使成员可以更好地认清自己专业所具有的优势和特色并达成共识，进一步产生强烈的归属感、责任感和荣誉感。专业的组织成员会发自内心的、自觉自主地把自己的思想情感和前途命运与专业的发展紧密地联系在一起，自觉遵守学校的行为规范，从而形成合力。通过将 CIS 理论导入专业品牌经营管理的战略中，将 CIS 理论中的三大核心要素理念进行协调一致的设计和规划，从而为学校转变管理机制、更新管理观念、促使学校文化的创新，塑造专业品牌的良好形象提供有效的借鉴意义。CIS 理念的导入，能够帮助学校管理者冷静、直观地分析当前的教育发展环境，在看清学校发展现状的同时，在对学校办学理念的分析和指导下，促使学校与时俱进，逐步跟随知识更新的步伐不断提升自身的管理能力，使科学管理更好地为教学科研服务。

IS 战略的目标就是要增强高职院校办学竞争力、提高教育质量，实现高等职业教育的可持续性发展。IS 战略应当包括专业品牌化决策、专业品牌模

式选择、专业品牌识别界定、专业品牌延伸规划、专业品牌管理规划五个方面的内容。专业品牌化决策是在品牌创立之前进行选择的问题，即回答是否需要专业品牌及建设什么样的专业品牌；专业品牌模式选择则是解决专业品牌的结构问题，即专业品牌与学校品牌的关系，是主副品牌还是联合品牌，是综合性品牌还是单一品牌；专业品牌识别界定，是确立专业品牌的内涵，也就是专业品牌的定位，即被教育者认同的形象，它是品牌战略的重心，它从品牌的理念识别、行为识别与符号识别三个方面规范了专业品牌的思想、行为、外表等内外含义；专业品牌延伸规划，是对专业品牌未来发展领域的清晰界定，明确未来专业品牌适合在哪些领域发展与延伸；专业品牌管理规划，是从组织机构与管理机制上为专业品牌建设服务，明确品牌发展各阶段的具体目标与衡量指标。

三、高职院校专业品牌实施 IS 战略的基本路径

高职院校的专业建设是学校核心竞争力的基础，打造专业品牌是高职院校品牌建设的重要任务。一般来说，高职院校的专业品牌是学校品牌的组成部分，虽然品牌模式选择有所不同。专业品牌可以促进和提升学校品牌的形成和延伸，通过专业品牌的建设来带领和推动学校整体专业建设的进步。

高职院校的专业建设要紧密联系国家战略、社会经济、产业和企业要求，明确专业建设目标、专业的人才培养目标和规格、课程和课程体系、专业教学团队、专业人才培养模式、实验实训条件、专业教学管理等。这个建设与专业品牌建设是同步和相互融合进行的。而品牌战略的重心在于专业品牌识别界定，在 IS 战略中是最为重要的工作，它从品牌的理念识别、行为识别与符号识别三个方面规范了专业品牌的思想、行为、外表等内外含义。因此，实现该战略有以下三个基本途径。

（一）建设专业品牌的理念识别系统

专业品牌的理念识别系统是专业理念、专业精神、专业文化、专业规划等的结合体，它是该专业在教育教学活动中的指导思想和行为准则。需要有先进、明确、清晰、科学的专业教育理念，符合高等职业教育发展趋势及基本规律；需要塑造专业精神，它是一所学校在成长、发展过程中的精神风貌，是学校精神透过精炼的专业精神的具体表达；需要凝练在长期的办学实践中形成的具有本专业特色的文化。学校在制定发展目标的过程中，要充分结合本校的发展历史、发展状况、发展方向，制定出符合教育教学规律、符合学校发展特色、为学校组织成员所认可的目标。专业品牌的理念识别系统的建设是一个有

意识的过程，需要十分突出在长期的实践活动中形成的专业特色，展示出与众不同的风貌，体现出该专业的文化内涵和价值。

（二）建设专业品牌的行为识别系统

专业品牌的行为识别系统是在学校办学理念指导下确立的学校具体行为准则、教育方式等行为，包括学生的日常行为管理、教育教学活动管理、教职员工绩效考核、学籍管理等相关制度的执行。专业品牌的形成和经营首先要依靠教师才能实现，因此需要加强教师的专业化引导，拓展教师发展空间，实现教师能力的普遍提升，积极推进教师教育教学的创新工作，建立"双师资"型的专业化教师队伍；其次，需要注重学校教师、学生整体素质提高，在尊重学生个性差异的基础之上，着力于学生创新精神和实践能力的培养；再次，需要使专业管理更为合理化、人性化，特别是对外树立良好的品牌形象，通过举办一些活动加强与社会各界的沟通与合作；最后，需要丰富专业班级仪式，主要表现为班级的庆典仪式、上课仪式、表彰仪式等，同时，要在学校活动如学校举行的运动会、文艺活动、聚会活动等活动中更多地呈现专业特色。

（三）建设专业品牌的视觉识别系统

专业品牌的视觉识别系统是让外界了解和把握专业理念、专业精神和专业愿景等的载体，它通过视觉传播的方式，将专业的理念、文化内涵、发展方向等要素转化为视觉符号，由此把专业独特的形象系统化地展现给社会公众。专业视觉识别系统为显示专业特色，为打造专业品牌提供直观的可靠的各种信息。在专业品牌的建设中，需要探索专业标志的系统和应用。一方面，专业应使用学校的标志，学校的标志集中反映了学校教师及其学生的文化品位和价值观念，如学校校牌、校徽、校歌、宣传画册等，对外面而言，学校的标志同时是该专业品牌的系统之一；另一方面，需要积极开发专业标志，如专业 logo、标准字、标准色等，logo 是视觉识别系统的基本要素之一，是应用最为广泛、涵盖面最广的设计要素。充分运用专业 logo 在视觉、听觉上的传递，将专业名称通过直观的方式表现出来，强化了学校的个性诉求，在学校的视觉识别系统中发挥着重要作用。此外，还要关注应用，如办公器具、设备、招牌、标识牌等。

第三节　强化专业特色发展理念

专业建设是形成高职院校办学特色的重要载体。加强专业建设，打造品牌专业，才能真正办出高职特色，促进高职教育内涵式发展。高职院校品牌专业建设的基本思路有以下几方面。

一、依托地方产业发展变化，突显专业建设的地方特色

学校要建成品牌专业，必须使专业建设积极响应国家战略，紧跟区域产业结构调整和发展方式转变，立足现有专业优势与特色，建立“稳、增、调、退”相结合的专业设置机制，稳定专业规模，积极改造老专业，适当增设新兴产业对应的新专业；“关、停、并、转”进出口较差的专业，形成与地方产业结构和人才需求相适应的专业布局，培养满足区域经济发展所需要的高素质高技能型人才。

二、理清特色发展思路，科学规划专业发展未来

根据学校现有的办学条件和发展潜能，着重建设具有行业特色、区域优势和市场需求的专业，充分考虑“资源导向”与“需求导向”相结合，找准自己在区域、行业及全国高职教育中的地位，突出自身的优势和特色，做到“人无我有，人有我优”，注重差别化错位发展。根据经济社会发展对人才的动态需求，坚持“有所为，有所不为”的专业发展战略，有针对性地进行专业定位和优势特色专业的设计、调整和建设，增强专业建设的针对性、适应性和超前性，尽可能地避免学校之间专业重复设置，以免造成资源浪费、生源不足等问题。

三、注重就业导向，促进学生就业能力提升

对地方经济发展状况、产业结构调整、社会职业分类变化、职业资格吻合度、人才供求关系变化等情况进行广泛调研，预测未来人才市场需求。在建设和调整专业时，既要考虑生源市场，又要考虑就业市场，把服务和促进就业的理念贯穿于人才培养的全过程，将毕业生就业能力作为评价人才培养质量的重要因素，使就业率与就业质量不仅成为专业建设的成果，而且作为推进专业改革的重要依据之一。强化学生职业生涯规划设计和职业指导，增强学生的就业能力，使人才培养适应社会需求。

四、实现资源共享，重视专业实践基地建设

深化学校与行业企业的横向合作，鼓励行业企业全面参与教育教学各个环节，准确定位人才培养目标。实现学校与社会的资源共享，深化互动双赢的校企合作机制，校企双方共建教学和实训基地，使品牌专业的理论教学与社会的

实践需求同步，学生的操作技能、综合技术能力和职业素质与企业要求接轨。

五、注重创新发展，增强专业发展动力

根据学校自身的内外部条件，保持和发展已有的优势。紧跟时代发展和市场需求的变化，借鉴国内外同类专业发展的成功经验与做法，不断探索特色专业的发展规律，在教学理念、培养模式、课程体系、教学手段和评价标准等方面进行大胆改革与创新，加强实践教学体系建设，重视学生实践创新能力培养，让创新发展真正成为特色专业发展的不竭动力。

以重庆城市管理职业学院物流管理专业建设为例。物流管理专业是学校国家骨干院校重点建设专业和重庆市示范院校重点建设专业。该专业是在对国家和重庆市物流专业人才市场需求进行充分调研的基础上于 2004 年创建的一个新专业。该专业于 2008 年被重庆市教委和市财政局批准立项为市级示范高职院校重点专业，2010 年被批准为国家骨干院校重点建设专业。该专业为适应国家发展战略、重庆地方经济发展和物流行业变化的需要，立足重庆、辐射西南地区，培养面向生产、建设、服务、管理一线，德、智、体、美、劳全面发展，掌握现代物流管理基本理论和专门知识，能够胜任货运代理、运输业务、仓储配送、物流信息操作的高素质高技能型专门人才。

经过多年发展，学校物流管理专业在专业定位、人才培养模式、基本教学设施、师资力量、课程教学改革、专业办学特色等方面都取得了一定的成效。多年来，为重庆及西南地区物流产业输送了大量优秀人才，毕业生主要分布在重庆及西南地区的物流企业和工商企业，他们大多数是物流企业生产一线的骨干，受到企业的广泛好评。

近年来，国家推进“一带一路”建设和实施长江经济带发展战略，要求重庆充分发挥长江经济带西部中心枢纽、丝绸之路经济带战略支点、21 世纪海上丝绸之路产业腹地的战略支撑作用。国家将重庆确定为全国性物流节点城市、西南物流区域核心城市和国家一级物流园区布局城市、国家现代物流创新试点城市、全国智慧物流配送示范城市。国家战略布局赋予了重庆物流发展的新使命，同时也为重庆发挥物流区域集聚辐射功能提供了新机遇。

从全市物流产业布局来看，“十三五”期间，规划形成“两环五带”物流空间布局，着力构建“3+12+N”市域物流园区网络体系。“两环”即是绕城高速物流发展环、三环高速物流发展环；“五带”即渝西北物流发展带、渝西南物流发展带、渝西物流发展带、渝东北和长江沿线物流发展带、渝东南物流发展带。“3+12+N”的物流园区体系，即布局建设重庆西部现代物流园、重庆

航空物流园、果园港物流园三大枢纽型物流园；建设江津珞璜物流园、涪陵龙头港物流园、万州新田港物流园、南彭贸易物流基地、东站物流园、白市驿—双福农产品物流园、合川渭沱物流园、长寿化工物流园、永川港桥现代物流园、忠县新生港物流园、黔江正阳现代物流园、秀山（武陵）现代物流园 12 个节点型物流园区；规划建设涪陵白涛化工物流中心、北碚静观物流园、江津德感物流园、綦江物流园、大足市场物流园等 N 个配送型物流园区。

按照《重庆市现代物流业发展“十三五”规划》，重庆市将全面融入“一带一路”和长江经济带等国家战略，紧扣重点产业发展需求，主动适应经济发展新常态，深化物流供给侧结构性改革，强化培育引进物流骨干企业，加快转变物流发展方式和发展模式，加强物流重大基础设施建设，大力培育现代物流新业态、新模式，推动物流与交通、产业、城镇化等联动融合发展，加快完善现代物流服务体系，提升物流综合竞争力，为建设城乡统筹的国家中心城市、长江上游地区经济中心和全面建成小康社会提供强有力的物流保障。到 2020 年，基本建成全国重要物流枢纽和内陆国际物流枢纽，培育和形成重庆经济社会发展的新优势。

重庆高职院校物流专业的布局和调整，必须适应国家战略发展需要，与全市物流产业的发展布局相对应，着重分析物流产业规模、产业结构、产业链等的变化和要求，以物流企业主要岗位的人才需求为依据，制定高职院校物流专业发展目标，使物流专业发展战略与物流产业战略人才需求一致，实现高职教育对经济发展的人力资源保障功能。

学校在推进物流专业建设时，着重分析了重庆物流产业发展规划、产业规模、产业结构、产业链和物流企业主要岗位的专业技术和技能，构建与物流产业紧密衔接的专业群：一是合理构建专业框架。改变专业设置的传统方法，紧紧追踪重庆区域产业发展规划动态；从学校所处的地理环境、经济环境和社会环境出发，充分研究产业、行业状况；从自身所具有的办学基础条件出发，分析专业间的内在联系；从战略高度构建物流专业框架。依据物流业精细化、专业化、综合化方向发展，物流专业人才的培养也应朝着专业化、精细化和综合化的方向迈进。二是逐步拓展专业群体。高职教育要顺应产业发展的要求，深入研究产业集群、产业链的战略发展对技能人才层次、结构、规模的变化和影响，按照产业集群、产业链的发展战略要求，制定高职院校的发展战略，使专业群的战略规划满足产业集群、产业链对人才需求，实现高职教育对经济发展的智力支持和人力资源保障。例如，应当由单一的物流管理拓展到物流工程、物流经贸、物流信息、物流金融、园区物流、国际物流等领域，开设物流工程技术、物流信息技术、物流市场开发与营销、港口物流、连锁经营管理等专业，形成特色鲜明的现代物流专业。三是适时调整专业培养方向。重庆是全国性物流节点城市，是西南物流区域核心城市，自贸区、保税区、港口、铁路等物流节点对物资集散和辐射的作用日益凸显。根据重庆的区域产业布局与专业领域的特点，学校在办学资源许可和时机成熟的条件下，增设了相应的专业方向，如国际物流、快递运营、智慧物流、港口物流、保税物流、铁路物流等专业方向。由于高职教育主要培养技能型人才，与普通高校的专业定位有所区别，决定了各自不同的培养目标和方向。高职院校物流专业群应培养复合型、应用型、技能型的中高级物流人才，在专业培养方向上有所侧重，为不同的物流领域构建相应的人才培养体系，打造独具特色的物流专业。

学校利用所处的地理位置优势，与毗邻的重庆西部现代物流产业园签订了战略合作框架协议，依托中欧班列（渝新欧）铁路，积极与西部现代物流园共同探索产教协同育人新模式，打造品牌专业，培养国际化的物流贸易人才。2017 年 6 月，北京络捷斯特科技发展股份有限公司及旗下长风职业教育研究院、职教圈、朋程研究院联合发布了“2017 年中国职业院校物流 & 电商专业竞争力排行榜”，该榜单是国内首例由行业企业与第三方研究机构联合打造的职业院校专业竞争力排行榜，学校物流管理专业荣膺“高职院校物流专业竞争力 100 强”排名第一。

第五章　高职院校教师专业化发展

当前，我国高职教育的发展已进入一个由规模扩张为主的外延式发展向以质量提升为主的内涵式发展的转型期，加强师资队伍建设成为高职教育内涵式发展的重要内容。因此，促进高职教师的专业化发展，提高教师队伍的整体素质，成为高职教育内涵式发展的必然要求。高职院校应坚持人才强校，加强师资培养，提升教师能力发展，扎实推进高素质专业化的教师队伍建设，为职业教育科学发展提供强有力的人才保障。

第一节　高职院校教师专业化发展的必要性

高职教育内涵式发展在深入推进的过程中，高职教师队伍的建设相对滞后，教师的专业化水平成为制约高职教育可持续发展的薄弱环节。建设一支高素质专业化的教师队伍，对提高技能型人才培养质量、完善现代职业教育体系、推动高职教育科学发展具有十分重要的意义。

一、高职院校教师专业化发展的内涵

（一）教师专业化是一个动态发展过程

《现代汉语词典》中关于“专业”的解释是：① 高等学校的一个系里或中等专业学校里，根据科学分工或生产部门的分工把学业分成的门类；② 产业部门中根据产品生产的不同过程而分成的各业务部门；③ 专门从事某种工作或职业。专业化是指一个普通的职业群体在一定时期内，逐渐符合专业标准、成为专门职业并获得相应的专业地位的过程。

教师职业的专业化，体现了教师职业的独特性和不可替代性。教师职业的专业化是一种状态，也是一个漫长而曲折、不断深化的动态发展过程。在人类社会发展的历史进程中，教师职业是人类最古老的职业之一。据美国民族学家

摩尔根《古代社会》一书记载，在举行就职的会议上，有专人向就职者讲述、传授以往的事情，历数前任的酋长们为集体立功办事的情况，此种仪式世代相传，教育后辈。这种在就职大会上教育新酋长的人，就是人类最初的教师。在我国，教师职业可以追溯到殷商之前。《礼记·明堂位》说："米禀，有虞氏之庠也。""庠"就是舜帝时期的学校名称。"庠"的意思是"养"，即把有经验的老人供养在那里，让他们从事教育学生的工作。这里被供养的老人，就是我国最早的教师。但由于社会分工的不发达，教师一职并未从其他职业中独立出来而成为专门化的职业，往往由其他劳动者兼任。到了春秋战国时期，由于私学的逐渐兴起，教师职业才从其他职业中分离出来，成为一种相对独立的专门化职业。孔子是春秋时期私学的创立者，他是首个提出"有教无类""学而不厌，诲人不倦"教育理念的，并实现了"三千徒众立，七十二贤人"的教育成果。进入封建社会以后，随着自然经济的缓慢发展，教师一职成了比较稳定的职业，出现了对教师职业道德比较精辟的概括，如唐朝韩愈的《师说》"古之学者必有师。师者，所以传道、授业、解惑也"。这是我国古代早期对教师职业角色的职业责任、职业权利与职业义务的具体描述。

教师是人类文化的传播者，在人类文化的传承和发展中起着重要的桥梁纽带作用。随着人类文明的发展以及社会发展的需要，教师这一角色被赋予了更多更新的责任和使命。教师是一种神圣的职业，《中华人民共和国教师法》对教师的权利和义务都作出了法律上的阐释：教师是履行教育教学职责的专业人员，承担教书育人，培养社会主义事业建设者和接班人、提高民族素质的使命。教师应当忠诚于人民的教育事业。教师的权利包括：进行教育教学活动，开展教育教学改革和实验；从事科学研究、学术交流，参加专业的学术团体，在学术活动中充分发表意见；指导学生的学习和发展，评定学生的品行和学业成绩；按时获取工资报酬，享有国家规定的福利待遇以及寒暑假期的带薪休假；对学校教育教学、管理工作和教育行政部门的工作提出意见和建议，通过教职工代表大会或者其他形式，参与学校的民主管理；参加进修或者其他方式的培训。教师应该履行以下义务：遵守宪法、法律和职业道德，为人师表；贯彻国家的教育方针，遵守规章制度，执行学校的教学计划，履行教师聘约，完成教育教学工作任务；对学生进行宪法所确定的基本原则的教育和爱国主义、民族团结的教育，法制教育以及思想品德、文化、科学技术教育，组织、带领学生开展有益的社会活动；关心、爱护全体学生，尊重学生人格，促进学生在品德、智力、体质等方面全面发展；制止有害于学生的行为或者其他侵犯学生合法权益的行为，批评和抵制有害于学生健康成长的不良现象；不断提高自身的思想政治觉悟和教育教学业务水平。教师作为一种专门化的职业，国家实行教师资格制度，取得教师资格的人员应当具备相应的学历。

（二）高职院校教师专业化的基本内涵

从教师职业的发展历史和教师主体的角度来看，教师专业化的基本内涵包括以下两个方面的内容：一是教师群体职业的专业化，即教师职业逐渐分化成为一种专门职业，符合特定的专业标准，获得一定的职业声望，具有职业角色的不可替代性；二是教师个体的专业化，即教师个体通过系统的专门训练和终身学习，获得胜任工作岗位的专业知识与技能，不断提高从教能力和从教水平，从一名教育职场新人逐渐成为一名合格的专业教育工作者。

高职教师的专业化发展是教师专业化发展的一种类型，是指高职教师在自己的从教生涯中，依据高职教育人才培养的目标，遵循高职教育的特点和规律，经过持续的学习和专业培训，不断提升教育教学能力，实现专业自主，突显专业道德，成为一名合格的高职教育教学工作者，为受教育者提供高质量的教育教学服务。

（三）高职院校教师应具备的专业素养

2014 年 9 月 10 日，习近平总书记在参加北京师范大学师生代表座谈会时，对广大教师提出了要做有理想信念、有道德情操、有扎实学识、有仁爱之心的“四有”好老师的要求。一名教师能真正具备从事教师的职业资格，合格扮演教师角色的根本要求是其应具有教师的专业素养，包括职业道德素养、学科知识素养、文化素养、教育专业素养。

1. 职业道德素养

教师职业是神圣的，是太阳底下最崇高的职业。教师的工作是良心工作，传播的是特殊的精神产品，教师职业是高道德含量的特殊职业。陶行知先生说过，教师是“千教万教，教人求真”。高尚的师德，就是一部好的教科书，对学生的影响是潜移默化、终身受益的。由于教师在社会生活中所处的特殊地位和作用，形成了教师职业所特有的崇高职责和历史使命——教书育人。高职院校教师不仅要精于“授业”“解惑”，更要以“传道”为责任和使命，明确意识到自己肩负的国家使命和社会责任，恪守自己的职业操守，不断提升自己的职业道德素养。

一是具备较高的政治素养。忠诚于党和人民的教育事业，自觉做中国特色社会主义的坚定信仰者和忠实实践者，积极引导学生热爱祖国、热爱人民、热爱中国共产党；不断传播正能量，用自己的行动倡导社会主义核心价值观，增强学生的价值判断能力、价值选择能力、价值塑造能力，引领学生健康成长。

二是具备献身教育、爱岗敬业的精神，执着于教书育人。学高为师，德高为范，教师永远要以敬畏之心对待自己的职业。朱熹说："敬业者何？不怠慢、不放荡之谓也。"选择了教师职业，就是选择了教师的生活方式。不能把教师职业仅仅看成是谋求生存的手段，它更是教师一生的事业追求。高职教师应该率先垂范、以身作则，做以德施教、以德立身的楷模，以自己的言传身教引导和帮助学生把握好人生方向，特别是引导和帮助青少年学生扣好人生的第一粒扣子。

三是具有仁爱之心。教育是一门"仁而爱人"的事业，爱是教育的灵魂。高职教师应该是仁师，能够尊重学生、理解学生、宽容学生，用爱去启迪学生心智，用爱去为学生打开知识之门。"学而不厌、诲人不倦"，教师能用自己的知识、文化、人格和思想去影响学生，培育学生，实在是一件很有意义很快乐的事情。

2. 学科知识素养

知识储备不足、视野不够，教学中必然捉襟见肘，更谈不上游刃有余。高职教师应该广泛而准确地掌握所教学科的基础性知识，深入理解学科的知识结构，熟练运用专业技能；了解与该学科相关的知识，包括学科间的相关点、相关性质、逻辑关系等；了解学科专业知识的发展脉络，包括学科发展的历史、趋势和动向，了解学科研究的最新成果；了解学科领域的思维方式和方法论，包括领悟独特的认识世界的视角、层次及思维的工具和方法，熟悉学科内科学家创造发明的过程及成功的原因，学习科学家身上展现出来的科学精神和人格力量。

3. 文化知识素养

扎实的知识功底、过硬的教学能力、勤勉的教学态度、科学的教学方法是老师的基本素质，其中知识是根本基础。高职教师不仅要有胜任教学的专业知识，还要有广博的通用文化知识和宽阔的胸怀视野，具备人文情怀。好的老师应该是智慧型的老师，具备学习、处世、生活、育人的智慧，既授人以鱼，又授人以渔，能够在各个方面给学生以帮助和指导。

4. 教育专业素养

教育专业素养是教育者通过理论学习、实践训练而获得的教育认识能力和教育实践能力。高职教师不仅要具备所授课程的专业素养，还应具备教育专业素养，包括确立先进的职业教育理念，掌握丰富的职业教育理论；善于分析学情，熟悉高职教育规律；具备较高的教育教学水平和精湛的教学艺术，能够做到教育教学的有的放矢；努力探求学科和高职教育前沿领域，具备一定的职业教育科学研究能力。

二、高职院校教师专业化发展是促进高职教育内涵式发展的必然要求

（一）高职院校教师的专业化发展是教师自身综合素质提高的决定性因素

“教书育人”是教师的天职，职业的知识传播者是教师所承担的社会角色。教师的特定职责要求其必须具备崇高的职业道德，拥有渊博的学识、精湛的教学艺术和较强的实践指导能力。只有走专业化发展之路，高职教师才能进一步培育自己的职业精神，掌握广泛深厚的文化科学知识、系统精深的专业学科知识和丰富的教育科学知识，构建合理的知识结构与完善的知识体系，增强教育教学能力，提高自身的综合素质。

（二）高职院校教师的专业化发展是实现高职教育人才培养目标的重要保障

教育大计，教师为本。教育部在关于印发《国家教育事业发展第十二个五年计划》的通知中明确指出，高等职业教育应重点培养产业转型升级和企业技术创新所需要的发展型、复合型和创新型的技术技能人才。高职教育的目标是培养高素质的技术技能型人才，这一目标的实现依赖于高职教师整体素质的提高。教师是学校教育教学活动的主要实施者，学校专业建设方案的制订、新课程的开发、教育教学计划的实施、教学活动的组织等，都必须在高职教师的参与下才能顺利完成。

（三）高职院校教师的专业化发展是提升学校办学软实力的根本举措

高职教育的内涵式发展，有助于学校办学软实力的不断提升，有助于高职教育质量的不断提高及学校竞争力的不断增强。为此，高职院校应做好以下四件事：一是通过促进教师的专业化发展，提高教师队伍的整体素质，巩固教学的中心地位，全面提高人才培养的质量；二是进一步优化专业结构，注重品牌效应，强化特色发展理念，提高服务地方经济的能力；三是不断创新教学模式，加快教学改革的步伐，进一步加强课程建设；四是加强校园文化建设，发挥环境育人的功能。

第二节　高职院校教师专业化发展的策略

一、当前高职院校教师专业化发展面临的主要问题

（一）高职院校教师专业化发展基础薄弱

高职院校教师专业化发展基础薄弱主要表现在以下几个方面：一是缺乏职业教育理念。从高职院校教师的来源来看，高职院校新入职的教师大部分来源

于综合性大学或师范类院校，其所接受的学历教育均带有浓厚的学术化倾向，容易把职业教育等同于普通教育。高职院校教师对职业教育理论、职业教育规律和特点知之甚少，这在一定程度上影响了他们职业教育能力的提升。二是专业综合能力不强。部分有着研究生学历背景的青年教师，因其第一学历与研究生学历在专业上不一致，导致其缺乏专业的深度和广度，而高职院校专业设置灵活，专业更新速度快，部分新开设专业师资严重匮乏，只能由相关专业的教师转岗或由文化基础课教师改行担任，这就使得部分教师的专业知识积累不够，影响了其专业综合能力的提升。三是专业化发展动力不足。高职院校教师承担着繁重的教学任务，同时还承担着专业建设、教学改革、社会服务等多项工作，使得他们无暇顾及自己的专业发展，对自身的职业发展没有规划，导致其专业自主意识较薄弱。四是专业实践能力不强。高职院校的大多数专业教师，毕业于高等院校，从一个校门跨入另一个校门，均未接受过系统的专业技能培训，缺乏企业工作经历，缺少行业一线工作经验，他们的专业技能和实践教学能力普遍偏弱。

（二）高职院校教师专业化标准不明晰

首先，我国尚未建立符合高职教育特点的教师资格标准。我国在 1995 年颁布了《教师资格条例》，2000 年又颁布了《〈教师资格条例〉实施办法》，从此教师资格制度在全国开始全面实施。高职教育作为高等教育的一种类型，因其培养目标的特殊性，使得高职教师的专业化发展有着不同于普通高校教师专业化发展的特征。目前，高职院校在招聘人才时，大多会以普通高校教师任职资格作为高职教师的准入标准，较多地考虑学历、职称等方面的要求，缺少针对职业教育的行业经历和实践能力方面的要求。其次，尚未建立符合高职教育特色的教师专业技术职务评审标准。高职院校教师专业技术职务的评审仍沿袭着普通高校教师职称评聘的标准，重论文、轻应用，注重对论文写作、课题研究等学术性指标的考核，而有关教师参与企业技术应用、新产品开发、社会服务等指标尚未被纳入专业技术职务评聘和工作绩效考核体系，目前，尚缺乏对高职教师的专业技能和实践教学能力的考核。高职教师专业化标准的不明晰，导致高职教师在承担繁重教学任务的同时，必然将大量的时间和精力放在论文、著作的撰写等硬指标上，无暇顾及专业实践和科研教改成果的推广，在一定程度上制约了高职教师的专业化发展 。

（三）高职院校教师专业化发展保障条件不力

从外部环境来看，高职师资培养培训制度尚不健全，培养、培训条件尚不完善。这主要体现在以下几方面：

1. 缺乏培养高职院校师资的专门机构

普通综合性大学或师范院校是高职师资来源的主渠道，为数不多的职业技术师范院校则主要承担着中职师资的培养任务，职业技术师范教育的数量和规模无法满足高职教育发展的需要，高职教育生师比高达23：1，严重违背了高职人才培养的规律。

2. 高职院校师资培养缺乏针对性

高职师资培养尚未由学历教育转向资格教育，使得培养对象对职业教育的特征、规律和方法缺乏了解。

3. 职业院校教师企业实践机制尚不健全

教育部虽然陆续出台了《关于进一步完善职业教育教师培养培训制度的意见》《职业学校教师企业实践规定》等相关文件，并建立了一批国家级和省级职业教师培训基地，但总体而言，行业企业参与实践基地建设的积极性并不高，对教师企业实践工作支持力度不够，培训基地条件较差，在产教协作、校企合作方面尚有待加强。

二、促进高职院校教师专业化发展的策略

满足高职院校加强内涵式建设、提高办学质量的迫切需要、促进高职教师专业化成长、加强高素质专业化教师队伍建设，是提高高职教育质量的首要保障。应进一步突出高职教师队伍建设的基础性、先导性和战略性地位，系统设计、多措并举、创新机制、加大投入，建设一支高素质专业化的教师队伍，为职业教育科学发展提供强有力的人才保障。

（一）建设高素质专业化教师队伍应遵循的主要原则

1. 统筹规划，分级实施

各级相关部门应科学规划、周密安排，以提高专业教师实践教学能力为重点，着力培养一大批“双师型”专业骨干教师。按照中央、省（区、市）两级组织的方式，中央财政在高职院校教师专业素质提升中主要起引导和示范作用，省、市教育相关部门则要充分发挥在教师队伍建设中的主体作用，加强对本地区职业院校教师队伍建设的科学规划，创新制度，努力提升本地区职业院校教师队伍建设水平。

2. 财政引导，多方参与

发挥政府在发展高职教育中的主导作用，地方财政要加大对院校教师队伍建设的投入力度，充分调动职业院校、培训机构、行业企业和教师个人的积极性，逐步建立健全政府主导、多方参与的工作机制和财政为主、多渠道筹措经

费的投入机制。

3. 突出重点，强化激励

地方教育行政部门应加强统筹规划，着力解决教师专业教学能力不强、来自企业的兼职教师比例偏低、教师培养培训体系薄弱等突出问题，特别是重点支持现代农业、先进制造业和现代服务业相关专业，以及中西部、农村和民族地区教师队伍建设。中央财政支持的项目，将重点向重视教师队伍建设工作且取得明显成效的地区、机构倾斜。

（二）高职院校教师专业化发展的实施路径

1. 强化高职教师专业化发展意识

高职教师的专业化发展是一个终身学习、自我完善的过程，是教师个体的成长历程。因此，高职教师应树立专业化发展的意识，增强专业化发展的动力，这是高职教师专业化发展的前提。从学校层面来看，应关注教师的可持续发展，加强机制建设，采取经费支持、考核奖励等手段，对教师的专业化发展进行统筹规划，有效引导教师确立自我发展目标，合理制订专业发展规划，增强教师的自主发展能力。就教师自身而言，高职院校教师应深刻领会国家大力发展高职教育的战略部署，深刻理解培养高素质高技能型人才的战略意义，树立终身学习的理念，增强自我发展意识，学习先进的职教理论，注重知识更新，积极参与教学改革，重视实践体验，加强教学反思，丰富教育智慧，不断提高自身的专业化水平 。

2. 建立健全科学规范的聘任管理制度

一是完善高职教师资格制度，建立教师入职标准，充实专业教师任职资格条件，增加相关工作经历和职业能力方面的要求，同时进一步实施“双证书”制度，将双师素质纳入教师资格评价体系。二是推动高职教师职务晋升聘任制度改革。按照国家有关规定，进一步完善高职教师专业技术职务评审标准，将教师参与企业技术应用、新产品开发、社会服务等作为专业技术职务评聘和工作绩效考核的重要内容。三是打造高职教育教学名师。通过评聘和考核，依托名师工作室，培养、带动和造就高水平职教人才，努力探索高职教育教学改革，创新教育教学手段和方法，形成独具特色的人才培养模式。

3. 完善高职院校教师培养培训制度

加强对高职院校教师的培养培训是提升高职院校教师专业化水平的重要途径。

（1）加强职业技术师范教育。高职院校应多渠道招收职业教育师范生，扩大职业技术师范教育的规模，改革职业教育师范生培养模式，强化企业实践和职业学校实习环节，进一步优化培养过程。

（2）建立高职教师系统培养制度。开展高职教师系统培养，提升教师培养的层次，提高教师的专业化水平，扩大研究生层次职业教育教师培养的规模，提升培养质量，支持高职教师在职攻读硕士、博士学位及参与学历进修等。

（3）完善以企业实践为重点的继续教育制度。建立新任教师上岗培训制度，提升新任职教师的认知水平、师德素养和教学能力。定期组织教师开展岗位培训，使教师更新教育理念，掌握新知识、新技能、新工艺和新方法，提高他们的教育教学能力。加强对骨干教师和专业带头人的培训，提升他们的课程开发能力和教学科研能力。完善教师企业实践制度，创新教师培养、培训，开展校企合作机制，为教师搭建企业实践平台，为企业的职工培训、产品研发、技术改造等提供优质服务；通过参与企业生产实践，借助师傅带徒弟的形式，进行现场观摩、技能训练、专题讲解、交流研讨，帮助教师重点了解企业生产组织方式、工艺流程、产业发展趋势等基本情况，熟悉企业相关岗位（工种）职责、操作规范、用人标准及管理制度等具体内容，结合企业实践改进实践教学，进一步提高教师的专业能力与执教水平。

4. 重点加强“双师型”教师队伍建设

高职教育的特点决定了高职教师不仅要成为专业教学能手，还要成为行业技术能手；既要具有丰富的专业理论素养，又要具有宽厚的行业职业知识和较强的实践能力。“双师型”教师是高职教师专业化的主要标志。高职院校应通过多种渠道，加强“双师型”教师队伍建设，提高教师的专业实践能力。

（1）着力培养高职院校“双师型”骨干教师。采取开展青年教师职业技能大赛和建立教师考评机制等方式，以提高专业教师实践教学能力为重点，逐步将专业教师培养成“双师型”教师；完善校企共建“双师型”教师培养培训体系，大力引进行业企业领军人物，以更积极、开放、有效的人才政策，将具有创新实践经验的各类高级专业人才吸引到高职院校，不断充实高职院校教师队伍。

（2）启动“名师工程”。在培养“双师型”骨干教师基础上，建设名师工作室，培养既有丰富理论素养、又具有较强专业实践能力的教学名师和专业带头人，重点打造教学服务型教师团队。建设好一个专业，必须要有一个好的专业带头人和一批高水平的名师，专业带头人的能力和水平决定了本专业的地位和水平。学校应从师德、师风、行业背景、专业实践水平和社会知名度等方面培养一批教学名师作为专业建设领航人。他们不仅要在自己的专业领域有所建树，还要能吸引、带动一批教师，形成一支高水平的教学服务团队。

（3）实施高职院校兼职教师推进项目。建立兼职教师岗位，完善兼职教师聘用程序、聘用合同、登记注册、使用考核等管理环节，优化科学合理的工作量考评和薪酬补助机制，逐步优化教师队伍结构，提高职业院校教育教学水平。聘任具有行业影响力的专家作为专业带头人，聘任具有丰富实践经验和特殊技能的企业专业人才和能工巧匠作为兼职教师，扩大兼职教师的比例。

（4）鼓励和支持兼职教师申请教学系列的专业技术职务，吸引企业技术骨干参与高职院校的专业建设与人才培养工作，进一步加强专业教学团队的建设。

第六章　高职院校大学生综合素质培育

2018年9月10日，全国教育大会在北京召开，习近平总书记出席大会并发表重要讲话。习总书记强调，在党的坚强领导下，全面贯彻党的教育方针，坚持马克思主义指导地位，坚持中国特色社会主义教育发展道路，坚持社会主义办学方向，立足基本国情，遵循教育规律，坚持改革创新，以凝聚人心、完善人格、开发人力、培育人才、造福人民为工作目标，培养德、智、体、美、劳全面发展的社会主义建设者和接班人，加快推进教育现代化、建设教育强国、办好人民满意的教育。高职教育作为高等教育的重要组成部分，应树立“素质本位”人才培养理念，着眼于学生的全面发展，将素质教育贯穿于人才的培养过程。

第一节　高职院校大学生综合素质构成

一、人才素质的涵义及构成

狭义的素质称天赋，指个人先天具有的解剖生理特点。广义的素质是指人在先天禀赋的基础上，通过后天教育和环境的影响而形成和培养起来的相对稳定的内在基本品质。素质是一个系统的、有序的整体，依据素质由低级向高级的发展层次，可以把素质分为生理素质、心理素质和社会文化素质三个层面。社会文化素质包括政治、科学、文化、艺术、法律、道德等知识与能力方面的素质。社会文化素质在人的素质中居主导地位，决定着素质的性质、方向和水平。

人才素质包括思想政治素质、道德素质、科学素质、文化素质、身体素质、心理素质、业务素质、创新素质、法治素质和审美素质等。在这些素质中，思想政治素质和道德素质是首要的素质。思想政治素质是一种特殊的素质，是人们为实现本阶级利益而进行各种精神活动和实践活动的特定品质，是最重要的素质。道德素质是一个人在社会生活中如何为人处世，如何处理他人、社会各种关系的一种素质，是人们从一定的道德准则和规范出发，在处理个人与他人、个人与自然、个人与社会的关系中所表现出来的稳定的特征，是人们的道德认知和道德行为水平的综合反映。思想政治素质和道德素质是人们的思想观念、政治立场、价值取向、道德情操和行为习惯等方面品质和能力的综合体现，反映着一个人的思想境界和道德风貌，是促进个体健康成长、社会发展进步的重要保障。

二、德是人才素质的灵魂

“德者，本也”“百行德为首”，道德是人的灵魂，是做人的原则。道德素质是经过道德教育和道德修养而形成的稳定品质，它是人的全面素质的核心。毛泽东同志曾号召青年人要做“一个有道德的人”，邓小平同志要求培养有道德的“四有新人”。习近平总书记强调，我国高等教育肩负着培养德智体美全面发展的社会主义事业建设者和接班人的重大任务，必须坚持正确政治方向。高校立身之本在于立德树人。没有道德，就等于没有灵魂，有了好的道德品质，才能全心全意为人民服务，才能实现自己有价值的人生。道德素质的核心是一个人所具有的为他人、为集体、为社会、为国家的奉献精神。

大学生是国家未来各条战线的骨干力量，不但要有丰富的科学文化素质和健康的身心素质，更重要的是要有较高的思想素质和道德素质。思想道德素质实际上反映的是人生观、世界观问题，就是如何做人的问题，任何时代、任何社会都是把它放在第一位的。封建社会的传道，现代社会的德育，都是把思想道德素质摆在第一位的。

教育的目的主要有两个方面：一是做人，二是做事。做人是做事的前提和基础，做事是做人的目标和归宿，学会了做人，才能更好地做事、做大事。大学教育是在基础教育的基础上提高大学生的做人标准和做事能力。高职大学生要想立身成才、建功立业，首要的就是要学会做人，也就是说，必须有较高的道德素质。2014 年 5 月 4 日，习近平主席到北京大学考察，在参加师生座谈会的时候引用了我国儒家经典名著《大学》开篇的第一句话：“大学之道，在明明德，在亲民，在止于至善。”在这里，儒家强调的“大学”，是指大人之学、君子之学，是走向人生大道的学问。这句古语告诉我们，大学的宗旨，就在于彰显美德，弘扬内心的光明品性；在于改造民生，改故向新；在于达到善的完美境界。习主席把这句重要的古语送给我们青年学生，是在期待我们的“大学”能出“大人”。无谓官职、只论品性的“大人”，是品格上的君子、学业上的才俊、心理上的成人，是国家的真正栋梁。

司马光说过，“德者，才之帅也”。人才是“人”和“才”的统一，只有先“成人”，然后才能“成才”。一个人如果没有道德，他不会成为社会和人民所需要的“人才”，有可能会给社会带来更大的危害。高职大学生正处于成才的关键阶段，道德的堕落将使他们终难成才。在高职院校，几乎每年都有个别学生因个人道德素质差，甚至道德败坏而受到各种各样的校纪处分，以至留下终身遗憾。当代高职大学生在努力成才的过程中，不能仅以丰富自己的知识、提高自己的技能为目标，还要不断加强自身的道德修养、陶冶自己的情操、增强自己的社会责任感、提高自身的道德素质。如果说知识是一种力量，那么，道德对于学生的人生、成才、事业成功更是一种力量。

第二节　强化学校德育功能

习近平总书记在全国教育大会上强调，培养什么人是教育的首要问题。我国是中国共产党领导的社会主义国家，这就决定了我们的教育必须把培养社会主义建设者和接班人作为根本任务，培养一代又一代拥护中国共产党领导和我国社会主义制度、立志为中国特色社会主义奋斗终生的有用人才。这是教育工作的根本任务，也是教育现代化的方向目标。

一、正确认识高职院校的德育功能

我国的高校是中国共产党领导下的高校，必须坚持社会主义办学方向，坚持以马克思主义为指导，全面贯彻党的教育方针，培育和弘扬社会主义核心价值观。我国始终重视高等学校的德育工作，《高等教育法》第五十八条明确规定，高等学校的学生思想品德合格，在规定的修业年限内完成规定的课程，成绩合格或者修满相应的学分，准予毕业。高职教育作为高等教育的一个重要组成部分，其目标不是培养专业技能强的“工具人”，而是培养德智体美劳全面发展的“社会人”。学生技能的培养，智力及生存、生活能力的提高，只是高职教育的部分使命。高职教育应从技能教育更多地延伸到教育学生的精神世界，更多地注重理想主义、道德人格和思维方式的教育。高职教育所肩负的更重要的使命是陶冶人性，铸造健康饱满的人格，培养学生的科学精神和人文素质，加强公德心和社会责任感，帮助学生夯实道德基础。高职教育应始终坚持“育人为本，德育为先”的理念，努力使高职学生学会为人处世，为“中国梦”的实现贡献应有力量。

搞好德育工作，关键在领导。高职院校党委、行政应将德育工作作为落实党的教育方针、坚持正确的社会主义办学方向的头等大事，列入学校工作的重要议事日程。在学期和年度计划中对德育工作提出明确要求，完善有关规章制度，对德育工作的任务、内容、途径、原则、基本要求做出明确规定，使德育工作制度化、规范化。为保证德育工作落到实处，党委、行政、工会、学生工作部、团委应分别把党支部、团支部、各处室部门在德育工作中应担负的职责和任务纳入其工作目标管理考核，努力形成党委统一领导、党政工团齐抓共管的德育格局。

二、深化教学改革，切实发挥思想政治理论课主渠道作用

2016 年 12 月，习近平总书记在全国高校思想政治工作会议上的讲话中指出，做好高校思想政治工作，要因事而化、因时而进、因势而新。要遵循思想政治工作规律，遵循教书育人规律，遵循学生成长规律，不断提高工作能力和水平。要用好课堂教学这个主渠道，思想政治理论课要坚持在改进中加强，提升思想政治教育亲和力和针对性，满足学生成长发展需求和期待。

高校思想政治理论课是对大学生进行思想政治教育的主渠道，承担着培养大学生立德和做人基本素质的重要任务。高职院校思想政治理论课应不断深化改革创新，努力将思想政治理论课打造成为学生真心喜欢、终身受益的课程，发挥思想政治理论课核心价值观教育的主渠道作用。思想政治理论课各门课程应全面渗透社会主义核心价值观的内容，做到社会主义核心价值观“进教材、进课堂、进头脑”。大力推进思想政治理论课教育教学改革，充分考虑学生的学习特点，紧密联系党和国家事业发展的生动实践，以最新的理论成果、贴近社会生活的生动案例和学生喜闻乐见的载体，对准现实问题，着力解疑释惑，增强思想政治理论课的针对性、实效性、吸引力和感染力。

以重庆城市管理职业学院为例。为切实发挥思想政治理论课的育人主渠道作用，重庆城市管理职业学院马克思主义学院以提高教学针对性、实效性、吸引力和感染力为根本目标，系统构建以项目化、专题化、网络化为主要特色的“三化”教学模式，成功探索出一条体现高职特色、切合学生特点的改革创新之路。一是根据“思想道德修养与法律基础”课重视道德内化与行为养成的特点和要求，实施“任务驱动、活动引领”的项目化教学改革；二是结合“毛泽东思想和中国特色社会主义理论体系概论”和“形势与政策”课程的特点，本着“精要、管用”的原则，组织实施“内容重构、交叉轮课”专题化

教学改革；三是将思想政治理论课实践教学课程化，在全国率先开发思想政治理论课实践教学网络平台，推动思想政治理论课实践教学网络化改革；四是在重庆高职院校中率先探索思想政治理论课网络化考试改革，自主开发建设网上考试平台，实现了教考分离和无纸化考试。

在课堂教学方法的改革中，该学院改变以往的单一说教方式，引入丰富的形式和方法，如多媒体课件教学法、道德难题讨论法、角色扮演法、社会活动法，聘请社会成功人士、本校优秀毕业生现身说法开设专题讲座等，把教学内容融合在丰富的形式和活动中，让学生加深对道德的认知，受到相应的道德教育。在课堂教学中，增强学生的参与性，如让学生参与教师的备课，客串教师进行教学，创设问题情境启发学生参与讨论，师生之间、学生相互之间进行道德对话，设立公民论坛，等等。通过系列教育教学改革，学校思想政治理论课改革实践走在重庆高职院校前列，在全国产生了较大社会反响，荣获国家教学成果二等奖、重庆市教学成果一等奖。

三、强化学生道德养成教育中的实践环节

在道德品质的形成过程中，道德认知是道德教育的出发点和基本要求，道德行为是道德教育的落脚点和最终要求。高职学生的道德素质，是在人与人、人与社会、人与自然的互动中形成和发展的，让他们参与这种互动实践，才能感悟道德。

一是充分利用教学实践环节进行职业道德教育和训练。职业道德是高度角色化和实践化的道德，学生只有在职业实践中去感受、体会和修炼，才能逐步形成优良的职业道德。高职院校培养的人才以技能型人才为主，学生要有较强的动手能力，实习实训课（实践课）在各专业课总课时中占有较大比例。加强实习实训，既是职业院校学生专业学习训练的需要，也是职业道德素质养成过程必不可少的环节。高职学院应与校外企事业单位建立广泛联系，建立稳定的实习实训基地，通过教学实践环节，让学生担任一定岗位，在工作上独当一面，适应真实的职业环境，在工作实践中养成良好的职业道德习惯。二是开展丰富多彩的公益活动，增强高职学生的同情心和社会责任感。如开展净化美化校园环境的公益劳动，增强学生的环保意识；组织高职学生到儿童福利院、养老院开展为残疾儿童、孤寡老人献爱心活动，培养学生善良正直的品质；开展维护公共秩序的公益活动，让学生参加维持秩序，更有利于高职学生遵纪行为的养成；开展服务式社会实践活动，如社工服务、文艺演出、家电维修、法律咨询、心理诊断等，让学生体会社会角色，培养学生的服务意识。三是通过各

种知识性、技能性竞赛，提高高职学生的动手能力，如开展创业大赛、策划大赛、手工制作、科技文化活动等，建立一种准就业环境，使学生做好知识和能力的储备，在不断实践、不断磨炼中提高综合素质。组织学生开展生存训练，如参加新生军训、生产劳动、社会兼职、勤工俭学活动等，让学生接触社会，体验复杂的社会关系，提高自己的社会化程度。四是组织学生开展暑期社会调查、三下乡等活动，让学生结合本专业知识，带着某一专题，深入社会实际进行调查研究，到特定的地点进行参观考察、专业实习、民间文化调查等，丰富理论知识，增长社会见识。

四、推进“课程思政”建设

习近平总书记在全国高校思想政治工作会议上的讲话中指出，高校思想政治工作关系到高校培养什么样的人、如何培养人以及为谁培养人这些根本问题。要坚持把立德树人作为中心环节，把思想政治工作贯穿教育教学全过程，实现全程育人、全方位育人，努力开创我国高等教育事业发展新局面。习总书记强调，所有课堂都有育人功能，不能把思想政治工作只当作思想政治理论课的事，其他各门课程都要守好一段渠、种好责任田，使各类课程与思想政治理论课同向同行，形成协同效应。高职院校应秉持“立德树人”是教育根本任务的教育理念，将思想政治工作贯穿于教育教学全过程，加强系统谋划和顶层设计，推进课程思政建设，努力实现全员育人、全过程育人、全方位育人。

一是推进社会主义核心价值观融入全课程教育。2018 年 3 月，十三届全国人大一次会议通过宪法修正案，将“国家倡导社会主义核心价值观”正式写入宪法，使社会主义核心价值观在思想层面、实践层面、观念层面、社会制度层面有了宪法的保障，凸显其重要意义。加强学生社会主义核心价值观教育的意义，正如习近平总书记所说，这就像穿衣服扣扣子一样，如果第一粒扣子扣错了，剩余的扣子都会扣错。人生的扣子从一开始就要扣好。推进社会主义核心价值观融入全课程教育，是实现“思政课程”向“课程思政”转变的必然要求。高职院校应形成社会主义核心价值观融入全课程教育的“共识价值”，引导教师从社会主义核心价值观视角研究课程教学，增强学生课堂教学中的积极价值体验；基于思想政治教育教学的现状和高素质技术技能人才培养的目标定位，突出“立德树人、育人为本”的教育教学设计，强化“价值引领”理念，以社会主义核心价值观为引领，将社会主义核心价值观的培育融入各类型、各层次课程教育教学，融入专业人才培养方案的制订、课程设置、教材建设、课堂教学、质量评价等全过程，实现核心价值观教育的课程门类全覆盖、课程运行全覆盖。

二是深度挖掘专业课程教育教学中的思想引导和价值观塑造功能。推进社会主义核心价值观融入专业课程教学，打造由思想政治理论课、专业课程、社会实践、网络教学等构成的教育教学体系。把知识教育同价值观教育、能力教育相结合，把思想引导和价值观塑造融入每一门专业课程的教学之中。结合专业的特点，深入挖掘专业课程所蕴含的思想政治教育资源，找到思想政治教育与专业课程教学的结合点，注重价值引领与能力培养的高度契合，把社会主义核心价值观融入学生专业课学习、跟岗实习和顶岗实习等不同阶段，陶冶高尚情操、培养健全人格。充分发挥专业课教师对学生的言传身教、行为引导作用，强化示范引领效应，使社会主义核心价值观内化于心、外化于行。

三是注重人才培养的正确导向。以党的教育方针和又红又专、德才兼备、全面发展的人才培养目标，作为制订人才培养方案、设置课程的主要依据。按照社会主义核心价值观的要求，推进课程体系、课程大纲、课程内容的建设；选用马克思主义理论研究和建设工程重点教材，加强教材建设及选用的管理；坚持学术研究无禁区、课堂讲授有纪律，把坚持党的基本理论作为教学基本要求，强化教师政治底线意识，制定课堂教学管理办法，健全课堂教学管理体系，让社会主义核心价值观占领课堂主阵地。

五、工匠精神融入课程教学

2016 年 3 月 5 日，国务院总理李克强在做政府工作报告时指出，鼓励企业开展个性化定制、柔性化生产，培育精益求精的工匠精神，增品种、提品质、创品牌。2017 年 10 月，习近平总书记在党的十九大报告中明确提出："建设知识型、技能型、创新型劳动者大军，弘扬劳模精神和工匠精神，营造劳动光荣的社会风尚和精益求精的敬业风气。"这将工匠精神纳入国家决策层面，突显了其重要意义。

（一）工匠精神的基本内涵

工匠是指有工艺专长的匠人。工匠精神是指工匠专注于某一件具体的事和物，对自己的产品精雕细琢、精益求精、达到极致完美的精神境界。古代的庖丁、鲁班、黄道婆，近代的詹天佑等人身上的优秀品质正是我国优秀工匠精神的集中体现。工匠精神的内涵具体表现为敬业、严谨、专注、耐心、坚持、创新等精神。

敬业精神。敬业精神是对从业者职业行为准则的基本价值评价，是从业者基于对职业的敬畏和热爱而产生的全身心忘我投入，认认真真、尽职尽责完成本职工作的一种职业精神状态。敬业是社会主义核心价值观的重要内容，它要求公民要具有积极向上的劳动态度和艰苦奋斗的精神，忠于职守、精益求精、服务社会，充分体现社会主义职业精神。敬业也是中华民族的传统美德，在中国历史上，第一个提出敬业的是孔子。他认为，无论为人还是做事都应该“敬事而信”。《礼记·学记》则明确提出了“敬业乐群”这一概念。这里的“敬事”“敬业”都是指在工作中要聚精会神、全心全意。正如朱熹所说：“敬业者何？不怠慢、不放荡之谓也。”他还说：“敬字工夫，乃是圣门第一义……无事时，敬在里面；有事时，敬在事上，有事无事，吾之敬未尝间断。”这种“不怠慢、不放荡”“未尝间断”的职业态度和敬业精神，是从业人员搞好本职工作所应具备的思想品格，也是产生乐业的思想动力。敬业精神反映的是从业人员热爱自己的工作岗位，敬重自己所从事的职业道德操守，表现为从业人员勤奋努力，精益求精，尽职尽责的职业行为。

精益求精的职业精神。唐代文学家韩愈在《师说》中讲到，“闻道有先后，术业有专攻”，听到的道理有早有晚，学问技艺各有专长。精益求精的职业精神是指从业者在工作中对每件产品、对每道工序都凝神聚力、精益求精，不断追求完美和极致的职业品质，是一种“即使做一颗螺丝钉也要做到最好”“没有最好，只有更好”的职业态度，是一种永远不满足、永远追求卓越的职业境界。老子曾说：“天下难事，必作于易；天下大事，必作于细”，他精辟地指出了想成就一番事业，必须从简单的事情做起，从细微之处入手，细节决定成败。一心渴望伟大、追求伟大，伟大却了无踪影；甘于平淡，认真做好每个细节，伟大却不期而至。这也就是细节的魅力。成功者的共同特点，就是能做小事情，能够抓住生活中的一些细节。

专注的精神。专注就是内心笃定而着眼于细节的耐心、执着和坚持，这是一种终其一生执着于某事某物的执念，是一切“大国工匠”所必须具备的精神特质。荀子说过：“不闻不若闻之，闻之不若见之，见之不若知之，知之不若行之，学至于行而止矣，行之，明也。”《礼记·中庸》告诫莘莘学子：“博学之，审问之，慎思之，明辨之，笃行之。”古人强调笃行，强调踏踏实实的坚持。每个实验的成功，都来自再一次拿起试管的坚持；每个事业的完成，都来自埋下身子再细一点的执着。工匠精神意味着脚踏实地的埋头苦干，意味着心无旁骛的几十年如一日的坚持与韧性。在我国历史上，古代的工匠们大多穷其一生只专注于做一件事，或几件内容相近的事情。《庄子·养生主》中有庖丁解牛的故事，庖丁解牛，游刃有余。庖丁解牛的故事告诉人们：无论从事什么职业，只要热爱有加，诚敬专一，总能把工作做好。庖丁执着于解牛，已经进入了“艺”的境界，所以他才能够以一种喜悦、自豪的心情对梁惠王述说自己的工作过程。正是因为这份执着，他才会有工作结束时那种“提刀而立，为之四顾，为之踌躇满志”的心理满足。

创新精神。创新精神是工匠精神的特有内涵。习近平主席说：“创新是民族进步的灵魂，是一个国家兴旺发达的不竭源泉，也是中华民族最深沉的民族禀赋。”创新精神就是要突破陈规、大胆探索、敢为人先、敢于创造的思想观念和精神风貌。创新意味着追求突破、追求革新；意味着不自甘落后、不故步自封；意味着自强不息、锐意进取。中华民族自古以来就是富有创新精神的民族。《礼记·大学》提出了“苟日新，又日新，日日新”，《周易·系辞》强调“穷则变，变则通，通则久”。在历史的漫漫长河中，变通求新、因革损益、革故鼎新、与时俱进、与日偕新等思想观念逐渐积淀为中华民族最深沉的民族禀赋。古往今来，热衷于创新和发明的工匠们一直是世界科技进步的重要推动力量。资料显示，16 世纪以前，世界上最重要的 300 项发明和发现中，我国占 173 项，远远超过同时代的欧洲。2007 年，英国《独立报》评出了改变世界的 101 个发明，中国的四大发明（造纸术、印刷术、指南针、火药）以及另一发明——算盘在列。改革开放以来，“汉字激光照排系统之父”王选，“中国第一、全球第二的充电电池制造商”王传福，开通中国水运史上第一条内贸标准集装箱航线、领军发明并成为国际标准的集装箱电子标签系统的“抓斗大王”包起帆等，他们都是“工匠精神”的优秀传承者，他们让中国创新重新影响了世界。

（二）厚植“工匠精神”，提升职业素质

2017 年 1 月，《国家教育事业发展“十三五”规划》提出：“着力提升职业学校人才培养质量，加强职业精神培育，推进产业文化、优秀企业文化、职业文化进校园进课堂，促进职业技能和职业精神高度融合，着力培养崇尚劳动、敬业守信、精益求精、敢于创新的工匠精神。”高职院校的人才培养应突出自己的职业特色，结合工匠精神的内涵，以多种渠道对学生开展敬业、专业、专注、精准、创新品质培养，让学生具备能工巧匠的基本素质。

1. 突出爱岗敬业职业道德教育

爱岗敬业是首倡的职业道德，反映的是从业人员热爱自己的工作岗位，敬重自己所从事的职业道德操守。表现为从业人员勤奋努力、精益求精、尽职尽责的职业行为。爱岗敬业的基本要求有：勤业，这是一种工作态度，认真负责，刻苦勤奋，不懈努力；乐业，这是一种职业情感，从内心里热爱并热忠于自己所从事的职业和岗位，做到其乐融融；精业，这是一种职业追求，对本职

工作业务纯熟，精益求精。对自己工作岗位的“爱”，对自己所从事职业的“敬”，既是社会的需要，也是从业者应该自觉遵守的道德要求。职业不仅是个人谋生的手段，更是从业者完成自身社会化的重要条件，是个人实现自我、完善自我不可或缺的舞台。爱岗敬业所表达的最基本的道德要求就应当是：干一行爱一行，爱一行钻一行，精益求精，尽职尽责。通过爱岗敬业职业道德教育，帮助学生树立崇高职业理想，重视人生价值的实现。职业活动是人谋生的方式和手段，但职业并非只有工具的意义，它还具有为社会、为他人做贡献的内涵。树立崇高职业理想，重视人生价值的实现是职业本身的要求。选择了一种职业，就选择了一种生活方式。所以不应单纯地把职业看成是谋求生存，更应把职业视为一生所追求的事业，它反映了人们的人生理想和信念。

2. 注重专业课程教学与职业标准的有效对接

作为职业素质的重要内容，工匠精神与专业业务紧密联系在一起。因此，职业院校的许多课程特别是专业课程，为我们进行工匠精神的培育提供了现实可能性。一是在专业课程教学中全面引入职业标准，严格按照职业标准进行教学，反复磨炼，培养精益求精的卓越精神，形成求精求准的工匠品质。二是在课程开发和建设中渗透工匠精神。在人才培养方案的制订、课程体系开发、课程大纲和课程内容建设中融入工匠精神，让工匠精神入脑入心。三是规范实习实训操作，培养学生一丝不苟的职业精神。严守实训教学中的每个环节、每道工序和每个细节，时时、处处严格按照操作程序规范操作。如实训前的准备，工具顺序的摆放、工装的穿戴以及实训后清理整顿等看似小事的细节，不能有丝毫马虎，因为这些细节恰恰是工匠精神的具体表现。

3. 培育优良学风，以文化人

学风是衡量一所学校办学水平，反映学校教学工作质量，体现学生素质的重要标志。学风是学生学习目的、态度和作风的总体反映。好的学风可以培养学生严谨、求实、认真的工作作风，实现工匠精神与学生平常学习生活的有机融合。优良的学风包括勤奋、严谨、求实、创新等基本内容。勤奋，即刻苦钻研的好学精神和顽强的实干品格。严谨，是一种治学的科学态度，即严肃、严格、严密。严肃，对待学业，必须十分认真，不草率了事；严格，必须按照科学的客观规律办事，严格要求，一丝不苟；严密，指必须掌握客观事物发展中的质和量的规定性，也包括严密的科学组织。求实，即实事求是，从实际出发，按客观规律办事。求实的基本要求是理论联系实际、实事求是、表里如一、言行一致；脚踏实地，不投机取巧。创新，指在学习中培养创造性思想意识和学习方法，即勇于探索、勇于思考、敢于标新立异、勇于攀登科学高峰的科学精神。学风建设是校园文化建设的重要内容。通过学风建设，让学生在日常的学习和生活中学会自律，以良好的学习行为习惯支撑未来职业生活中的职业素养。

4. 实施校企合作，感悟工匠精神

校企合作是职业院校教育教学中融入工匠精神的最佳途径。通过校企合作，校企共建实训基地、合办企业学院，一方面，实现校企文化的相互贯通，让学生在校园感受到企业职业文化的熏陶；另一方面，职业院校学生到企业顶岗实习，能够更好地了解企业的核心理念和价值取向。通过向一线员工学习并开展实际操作，能够身临其境地感悟工匠精神的深刻内涵，将工匠精神内化于心，外化于行，努力提升自己的职业素质。

5. 开展双创教育，提升创新能力

开发高职学生创业创新课程，成立众创空间，强化培养在校学生的创新意识、增强创业能力、提升学生的创业竞争力，同时将高职学生的就业教育、创业指导理论与实践结合起来，使学生在实战中巩固创业理论知识，提高创业技能，激发创业热情。

第三节　构建高职院校大学生综合素质学分体系

高职教育兼具高等教育和职业教育双重属性，其首要任务是培养适应经济社会发展需要的高素质技能型人才。作为高职教育培养对象的高职大学生，应具备较强的从事职业岗位的实际工作能力和职业技能，同时应具备良好的敬业精神、合作意识和职业道德，具有较高的综合素质。高职教育，应着眼于学生的全面发展，将素质教育贯穿于人才培养过程的始终。

一、当前高职院校学生素质教育存在的主要问题

我国历来重视对大学生的素质教育。早在 1999 年，中共中央、国务院就颁布了《中共中央、国务院关于深化教育改革 全面推进素质教育的决定》。2006 年，国家在启动高职示范院校建设计划时下发的《教育部财政部关于实施国家示范性高等职业院校建设计划加快高等职业教育改革与发展的意见》中明确指出，创新高等职业教育人才培养模式，将理论知识学习、实践能力培养和综合素质提高三者紧密结合起来。2010 年，《国家中长期教育改革和发展规划纲要（2010—2020 年）》进一步指出“把育人为本作为教育工作的根本

要求”。2018 年，习近平总书记在全国教育大会上指出，要努力构建德、智、体、美、劳全面培养的教育体系，形成更高水平的人才培养体系。

高职教育应把着力提升大学生的综合素质作为学校育人工作的首要任务，促进学生的全面发展。但由于对高职办学理念的认识偏差，高职院校的素质教育在相当程度上带有随意性和随机性。当前高职院校素质教育存在的主要问题表现在下面三个方面：

（一）素质教育认识片面化

长期以来，为强化高职教育的职业教育办学特色，“能力本位”成为高职教育基本的办学理念，成为高职院校共同的追求目标。“能力本位”教育基本于对职业角色活动的全面分析，强调受教育者应具备适应某种岗位或岗位群所需要的能力与技能，这一理念突破了以往重理论轻实践的局限。但是，人们在界定“能力本位”时，片面地把职业能力等同于职业技能，对学生素质教育的重要地位和作用认识不足。在教育教学活动中偏重专业知识和专业技能教育，轻视非专业素质教育；重智育，轻德育；重科技素质，轻人文素质，单纯地或较多地从专业知识和专业技能来衡量教育质量。

（二）素质教育缺乏制度保障

由于一些高职院校对素质教育在理解和认识上存在着误区，在制订人才培养方案时，往往把素质教育与专业教育对立起来，为保障专业课时，未将素质教育纳入人才培养方案。课程设置中，对通识教育课程重视不够，教育理念不够清晰，教学效果不好；选修课程设置不注重吻合学生兴趣，育人效果不佳。素质教育涉及理论课与实践课、第一课堂与第二课堂活动。第二课堂涉及面广，条件要求高，需要学生工作部门、各二级院系、后勤部门等多个部门协同配合，在课程设置、课程形式、课程内容、授课教师、课程考核等方面进行统筹安排。但由于学校重视程度不够，许多高校在开展素质教育活动时缺乏系统的素质教育教学计划、素质教育实施方案和素质教育课程考核标准，因此素质教育缺乏制度保障。

（三）素质教育评价体系不健全

高职学生的综合素质是一个非常宽泛的概念，对高职学生综合素质的考评应该系统化、明确化、具体化，但我们目前的素质教育恰恰缺乏科学系统的考评体系：一是没有一个明确的考评制度和明晰的评价标准，无法对学生的综合素质状况和实践能力做出客观、公正的评价；二是考核渠道上较多地注重了教师考核的权威性，忽视了来自学生个体、行业企业以及社会的评价；三是考核方式上较多地关注了对结果的静态评价，忽视了对学生学习、实践过程的动态评价；四是考核内容上较多地注重了理论课程评价，忽视了对学生动手能力的评价，对学生道德素质、人文素养等软指标的评价重视不够。考核体系不健全、考评标准的缺失，使得素质教育变得空泛，难以真正落实。

二、构建综合素质学分制是全面推进高职院校学生素质教育的重要举措

在高职学生的素质教育中引入学分制考核机制，是全面推进高职学生素质教育的重要举措，是引导高职学生提高综合素质的重要手段。

（一）综合素质学分制有助于更好地实现高职人才培养目标

当今社会对从业者既有社会层面的素质要求，又有职业层面的技能要求。高职教育的培养目标是高素质技能型人才。“高素质”应真正体现为学生具有较高的综合素质，具有较强的社会适应能力。培养学生有积极的人生态度、较强的敬业精神、诚信的人格品质、丰厚的文化底蕴、正确的做事方法。综合素质学分制的构建，能帮助学生更好地设定人生目标，合理规划学习和生活，加强自我修养，真正做到学以致用，把理论学习与生活体验相结合，全面提高自己的综合素质，立足本职，适应社会，持续发展。

（二）综合素质学分制有助于实现素质教育的规范化

综合素质学分制以学生取得的学分作为其学业完成的基本依据，采取量化的形式，对学生的思想政治素质、道德素质、科学素质、文化素质、身心素质、业务素质、创新素质、法治素质和审美素质等素质构成的综合素质进行评价。综合学分制是以提高学生接受素质教育的自觉性和主动性，促进学校素质教育工作有效开展的一种教育教学管理模式。制定和实施高职学生综合素质学分制，健全考核体系、完善考核标准，才能从制度上保证素质教育的系统性、针对性和可操作性。以学分制为基础，将素质教育课程作为学生的必修课纳入人才培养方案，设定课程体系，评定学生成绩，加强课程监控，才能从体制和机制上保证素质教育的规范化和常态化。

（三）综合素质学分制有助于促进学生的和谐发展

学分制的建立以选课制为基础。综合素质学分制的构建，使学生有了更多的选课自主权，突显了学生在学习中的主体地位，较好地保护了学生的学习兴趣和学习积极性，能更好地做到扬长避短和因材施教。综合素质学分制及选课制的实施，充分体现了对学生个性的尊重，有助于学生的个性化发展，进一步挖掘学生的学习潜能，培养学生的创新精神和实践能力，促进学生全面发展。

三、科学构建高职院校学生综合素质学分体系

（一）树立“素质本位”人才培养理念

孔子在《论语·为政》中提出“君子不器”。高职教育首先是高等教育，强调培养学生的目标不仅仅在于专业技能的训练，更在于培养有德性、有判断能力、有人类共同理想的人。正如一位学者所说，训练是传授某种技艺，教育则是要给人提供某种精神品质，大学就是要为年轻人建立一个精神的故乡，使他们在瞬息万变的世界里闯荡时，有一种内在的资源。德、智、体、美、劳全面发展是当代高职大学生的成才目标。随着我国经济发展方式转变和产业结构调整升级，高职教育承担着培养经济社会发展需要的高素质劳动者和技能型人才的重任。高职教育必须倡导发展学生能力，但这种能力绝不仅仅只是某种职业技能的延伸，其实质应是知识、技能和态度三位一体的综合素质。高职教育应以学生发展为本，树立“素质本位”的人才培养理念，把促进学生的全面发展和适应社会需要作为衡量人才培养水平的根本标准，更多地关注学生道德人格、人文素养和思维方式的教育，为学生终身学习和可持续发展提供广阔空间。

（二）规范综合素质学分内容

结合高职学生人才培养规格，可将高职学生完成学业应取得的学分分为课程学分和综合素质学分两大类。综合素质学分应占到总学分的一定比例，学生综合素质学分须达到各专业规定的学分数方能顺利毕业。依据高职学生成长、成才规律，综合素质学分可分为思想道德素质、身心发展素质、社会能力素质、文化艺术素质、技能与创新素质五个模块，以这五个模块为基础设定一定的必修学分和奖励学分，以量化的形式对学生的综合素质进行全面科学的评定。思想道德素质学分可分解为政治信仰、政治学习、公益活动、公德行为、诚信品格、法纪意识等指标；身心发展素质学分可分解为体育达标、体育活动、体育竞赛、心理健康等指标；社会能力素质学分可分解为沟通协调能力、团队合作意识、社会实践、生活技能等指标；文化艺术素质学分可分为人文艺术活动、文艺竞赛、文艺作品等指标；技能与创新素质学分由技能考核、技能竞赛、科技创新、就业创业活动等指标组成。通过规范综合素质学分内容，形成课程学分与素质学分并重、专业技能培养与综合素质培养相融的人才培养模式。

（三）完善素质教育课程体系

为全面实施素质学分制，应从专业人才培养方案入手，将素质教育课程纳

入教学计划和课程体系之中，克服素质教育的盲目性和随意性。素质教育课程开设可分为必修课、限选课和任选课。课程形式应注重理论课与实践课、第一课堂与第二课堂的有机结合，构建课堂、校园、社会三位一体的教学模式，突显专业课与通识课的相互衔接，职业技能与职业精神的相互融合，科学素养与人文素养的相互参透。在第一课堂教学中，综合运用多媒体等现代教育手段，以问题导入、案例式教学、情景式教学、体验式教学、主题演讲、课堂辩论等多种教学方法，引导学生积极参与课堂，实现知识传授、素质养成、能力培养的一体化。在第二课堂活动中，借助丰富多彩的形式激发学生全员参与：通过阅读经典文献、名篇名著、影视鉴赏、参加各类专题讲座和报告等自主学习的形式，增强学生文化底蕴；通过企业实践、社会调查、“三下乡”等社会调研活动，提高学生的专业技能，丰富学生的社会知识；通过文化服务、科技服务、社会公益活动、志愿者活动等服务社会的活动，增强学生的社会责任意识；通过各种科技创新、技能竞赛、职业生涯规划设计、创业实践活动，提高学生的创新意识和创业、就业能力；通过校园文化艺术节、辩论赛、演讲赛、主题文艺晚会、寝室文化节、手工制作等各种校园文化活动，展示学生的个性特长，促进学生素质拓展。

（四）健全综合素质学分考核机制

综合素质学分的评定，应坚持过程与结果、动态评价与静态评价相结合，全面评价和反映学生的综合素质：一是制定科学的学分评价指标体系。依据社会和行业企业对高职人才的需求，结合当前高职学生的实际，层级递进，制定合理的指标体系。二是改进理论课程考核方式，重视教学过程的管理，注重动态评价和过程考核。三是拓宽评价途径，改变单一的教师评价主体，引进行业企业评价机制，注重用人单位和社会的评价，注重学生自我评价与同学互评、校内评价与校外评价的有机结合。评价过程中，应注重原始数据的搜集和记载，保证评价的真实性和可信度。通过多元化的考评方式和考评途径，形成科学、规范和可操作的素质教育长效运行机制，确保素质教育的可持续性。

第七章　高职院校校园文化建设

校园文化建设是高职院校内涵式发展战略的重要组成部分，决定着高职院校自身的改革高度、发展定位和未来走向。

第一节　高职院校校园文化建设的内涵及原则

一、文化的内涵、结构与功能

（一）文化的内涵

从词源上讲，“文化”一词，源于拉丁文 cultus，原意为对土地的耕耘和对植物的栽培，即播种、耕耘等人类的拓荒活动，这表明了文化与农业文明的关系。后来引申为对人的身体和精神两方面的培养。在中国古代，“以文教化”是指与武力征服相对应而言的，即所谓“文治武功”。《周易》中所说的“观乎天文，以察时变。观乎人文，以化成天下”应当是我国对“文化”的原始提法，强调文治教化。

文化是人类征服自然、社会以及人类自身的活动、过程、成果等多方面内容的总和，文化与人类的存在共始终。从最广义上讲，文化是指人类社会历史发展中所创造的物质财富和精神财富的总和。从相对比较狭义的用法上讲，文化有三种指向：一是指称人类所有的精神现象，与自然相对应，包括所有的经济、政治等现象；二是指与经济、政治等社会生活并列的思想理论、道德风尚、文学艺术、科学教育等精神内容的总和，等同于“精神文明”，既包括世界观、人生观、价值观等具有意识形态性质的部分，又包括自然科学、技术、语言和文字等非意识形态的部分；三是仅指人文 、艺术，特别是文学艺术。

（二）文化的结构

按照文化的三结构说，文化可分为物质文化、制度文化和观念文化（或精神文化）。

物质文化：为了满足人类生存和发展需要所创造的物质产品及其所表现的文化，包括饮食、服饰、建筑、交通、生产工具及乡村、城市等。从文化建设的角度来看，物质文化是人们根据一定的理念，在一定的制度下，为文化产生和存在提供的时间、空间、场所等物质条件的总和。物质文化也指文化创造的产品、成果，是文化理念的承载体，体现着文化的价值，如企业、学校的标识、歌曲、形象设计等。

制度文化：人类在社会实践中根据一定的价值观念、价值尺度创设的政治、经济、法律等制度，是人们规范自身行为和调节相互关系的准则。制度文化是观念文化的实体化、具体化和外化，没有制度作保障，观念文化便无从发挥具体效用。

观念文化（精神文化）：人类在长期的社会实践和意识活动中产生的价值观念、价值取向、思维方式、道德规范、审美趣味、宗教感情、民族性格、精神气质等，是人类文化心态在观念心态上的反映。观念文化是文化的核心层面。一个学校、一个企业、一个团体，通过观念形态的文化可以凝聚人心。

（三）文化的功能

文化具有传承性、凝聚性和层次性等特征，在人类社会生产生活实践中，文化主要表现为传承、整合、导向和调节的功能。

1. 传承功能

文化是人类精神生产的所有成果的总和，是人类社会与历史的积淀物，是人类精神的集体遗传。基于人类世代延续的视角，文化能向新的一代流传，使得下一代能认同并共享上一代的文化，这就是文化的传承功能。文化是凝结在物质之中又游离于物质之外的，能够被传承的国家或民族的历史、地理、风土人情、传统习俗、生活方式、文学艺术、行为规范、思维方式、价值观念等，它是人类相互之间进行交流的普遍认可的一种能够传承的意识形态，是对客观世界感性上的知识与经验的升华。借助文化，可以对历史经验进行复制和交流，融合人类认识世界和改造世界的直接经验和间接经验，把握社会的过去、现在和未来。

2. 整合功能

文化的整合功能是指文化对协调群体成员的行动所发挥的作用。文化是处在同一个社会或同一生活环境中的人们在长期的共同生活中逐渐积累形成的要求、秩序、习惯和理想，它表现在人们的视听言行上，深藏于品格、习性、意向之中。社会群体中不同的成员都是独特的行动者，他们基于自己的需要，根据对情景的判断和理解采取行动。文化是社会成员之间沟通的中介，通过共享文化，社会成员之间才能有效地进行沟通交流，消除隔阂、促成合作。

3. 导向功能

文化是人类把握世界的特殊实践精神，可以通过规范人的行为发挥作用。文化的导向功能就是指文化在人们选择行动方向和行为方式时能提供价值依据。通过共享文化，行动者可以知道自己的何种行为在对方看来是适宜的，可以引起积极回应的，并倾向于选择有效的行动。在一定文化观念的指引下，社会成员可以规范自己的言行，注重行为习惯的养成。文化通过价值方式掌握现实世界，以评价对象、调节社会关系、预测社会发展、形成行为准则等方式来认识、反映、改造和完善世界。

4. 调节功能

文化是人们以往共同生活经验的积累，是人们通过比较和选择认为是合理并被普遍接受的东西。某种文化的形成和确立，就意味着某种价值观和行为规范的被认可和被遵从，这也意味着某种秩序的形成。文化借助一定的评价方式，指导和纠正人们的行为和实践活动，协调社会关系和人际关系。文化的调节功能主要是不断调节社会整体和个人的关系，调节个人与个人的关系，调节人与自然的关系，使个人、他人、社会及自然的关系逐步完善和谐。

文化是人类实现自我完善的一种重要的精神力量，借助人们认识世界、改造世界的实践活动由精神力量转化为物质力量，对社会生产生活进而对社会发展产生深刻的影响。这种影响，不仅表现在个人的成长历程中，而且表现在民族和国家的历史中。在中国五千年的历史传承中，中华子孙身上有两条血脉在不断地奔涌流动，一条是祖先遗传给我们的自然血脉，铸就了黑眼睛、黄皮肤、黑头发的中国人，这是我们的生物遗传密码；另一条就是我们的先贤留下来，经过无数中国人践行发扬的文化血脉，这是我们的文化密码。中华文化是中华民族的根，也是每一个中国人的根，它像一块永不会磨蚀的胎记，是中华民族身份认同的重要标志。

二、高职校园文化建设的内涵与原则

（一）高职校园文化建设的内涵

高职校园文化是社会整体文化的一部分，高职校园文化建设是高职教育的重要组成部分。高职校园文化是指在高职院校内形成的，以学生为主体，以校园为主要空间，以课内外文化活动为主要内容，涵盖院校领导、教职工、学生在内的，以校园精神为主要特征的一种群体文化。依据文化的结构，高职校园文化亦可分为校园物质文化、精神文化和制度文化。它既包括学校的校园建筑、校园景观、绿化美化等物化形态的内容，也包括学校的发展历史，以及学校在长期发展中积淀而成的办学理念、传统精神、价值取向、学术氛围、群体意识、校风学风、规章制度等价值观念体系。高职校园文化是全校师生共同的精神家园，反映了高职学生的价值取向、表达方式和思维特征。校园文化塑造着高职院校的文化形象，代表着高职院校的精神特质，表征着学校独特的价值追求和发展目标，成为高职院校提升核心竞争力的重要的文化软实力。

（二）高职校园文化建设的基本原则

原则一词源于拉丁语，有指导原理、基本规则、基本要求、基本依据等含义，简言之，原则即是说话、行事所依据的法则或标准。高职校园文化建设的原则，即是指高职校园文化建设应依据高职院校人才培养基本目标，人才成长和教学基本规律而必须遵循的基本准则，对校园文化建设中的各个环节、各项活动起着指导制约和统领作用。原则贯穿过程始终，是有效开展校园文化建设、取得育人实效的规范性要求，也是处理各种校园矛盾、解决具体问题的科学依据。

1. 方向性原则

高职校园文化发挥着重要的育人作用，是帮助高职大学生树立正确的世界观、人生观、价值观的重要途径。我国高职院校是社会主义大学，必须坚定社会主义政治方向，在校园文化建设中巩固马克思主义在意识形态领域的指导地位，坚持以马克思主义、毛泽东思想和中国特色社会主义理论为指导，抵制各种错误思想的影响，强化立德树人这一教育的根本任务，将社会主义核心价值观贯穿于育人全过程，让学生学会做人、学会做事、学会思维、学会与人共处，以实际行动践行社会主义核心价值观，做到理想远大，热爱祖国；追求真理，善于创新；德才兼备，全面发展；视野开阔，胸怀宽广；知行统一，脚踏实地。

2. 整体性原则

高职校园文化建设是一个系统工程，应注重整体推进。一是在校园文化建设的内容上注重统筹考虑，构建文化体系。这既包括物质文化建设，也包括精神文化建设；既要考虑校内因素，也要考虑校外因素；既要有整体要求，又要有本校、地域等个性要求。二是在校园文化建设的主体上注重全校师生员工的全员参与，重视校长文化、教师文化与学生文化的互动发展，尤其是校园文化建设的核心主体是广大青年学生，应树立起以学生为本的观念，以优秀的校园文化产品满足全体师生日益丰富的精神文化需求，构筑师生共同的精神家园。三是在校园文化建设的时间上注重全过程推进，在校园建设初始阶段将校园文化建设纳入学校建设规划，科学布局，并一以贯之，注重坚持和积累。

3. 个性与共性相统一的原则

任何事物都是共性和个性的有机统一，没有离开个性的共性，也没有离开共性的个性。高职既具有一般普通高等教育的共性，又具有职业教育的个性。高职院校校园文化建设既要体现高等教育的一般共性，又要彰显与普通院校不同的鲜明的职业教育特色，如企业文化在高职院校内的渗透和体现，职业教育的文化理念，同时还应体现地方特色与时代精神。高职教育与普通教育最大的区别就在于它的“职业”特性，高职院校校园文化建设必须紧扣这个主题，在职业文化上大做文章，将行业文化、企业文化及专业文化融入其中，这既是职业特色的内容，又是职业特色的依托。高职院校应遵循职业教育理念和职业教育规律，在校园物质文化、精神文化和制度文化建设中更多融入行业背景、职业理想、职业道德、职业技能等元素，为学生创设准职业环境，大力提升学生的职业素养。

4. 传承与创新相结合的原则

水必有源，而后不绝；木必有本，而后有荣。现实是由传统构成的，高职校园文化的建设不是空中楼阁，离不开对传统的尊重和继承，应在对传统继承的基础上不断创新发展。创新精神体现为突破陈规、大胆探索、敢于创造的思想观念，勇于打破与社会和历史发展规律不相吻合的思维方式、行为规范的束缚，从不合实际、不合规律的观念和体制的束缚中解放出来，从错误和教条式的思想观念中解放出来。在高职校园文化建设中，一方面要注重传承学校发展中历史形成的办学方式、行为习惯、历史记录、运行机制和文化心态，它是学校发展中被广大师生认同并传承下来的文化，是一所学校的历史记忆。同时，将校园文化建设根植于博大精深的中华传统文化的土壤，不断吸收中华优秀传统文化的精髓，重视对中华民族优秀传统文化的继承与弘扬。另一方面，在传承中创新。不断总结高职院校的办学经验，善于吸收、借鉴和融合各种优秀的思想文化成果，尤其是符合时代精神的主流文化，注重价值引领，创新校园文化的载体和形式，在继承中发展，在创新中前进，始终与时代同行、与实践共进。

三、高职校园文化建设的主要内容

校园文化建设有利于维护学校的稳定和谐，提升办学品质，促进学校改革，推动学校可持续发展。高职校园文化的建设是一个系统工程，主要包括物质文化建设、精神文化建设和制度文化建设，其中，制度文化建设是保障，物质文化建设是体现，精神文化建设是核心。

（一）高职校园物质文化建设

高职校园物质文化是校园文化最外在的表现和标志，是全体师生员工在教育教学和各项活动中创设的各种校园标识、教学设施、建筑群体和校园环境等，涉及校园的器物文化和环境文化，具体而言，包括校园的地理位置、地形地貌、校园建筑、教学科研设备、实习实训场地、文化娱乐设施、生活设施以及校园绿地、道路等硬件工程。校园物质文化是丰富校园文化生活，表现学校独特气质，彰显学校办学实力以及良好社会形象不可或缺的内容。

高职校园物质文化建设中，应注重统筹规划，整体布局，将实物建设与自然景观、人文景观融为一体，打造宜居、舒适的生态校园环境，营造浓厚的学习学术氛围；应突出职业教育特色、学校特色、行业特色、专业特色和地域特色，突出实训基地、实验设施、企业学院等建设物标识，彰显独特的职业教育文化氛围。

在高职校园文化建设中，校园物质文化是校园文化建设的硬件，是校园文化建设的前提和重要组成部分，也是实现文化育人的重要物质载体。完善的校园设施将为全体师生开展丰富多彩的教育活动提供重要的物质场所，改善校园自然人文环境，丰富校园文化载体，让师生在追求真善美的过程中受到潜移默化的启迪和浸润。建设独具特色的图书馆、教学楼、实训大楼、操场、绿地等基础设施，建立起现代化的实训场地，拥有良好的实训设备和完备的实训材料，打造具有职业特征的教室、教室楼道、寝室、长廊等校园文化景观，将使人心旷神怡、赏心悦目，将有助于陶冶学生性情，塑造师生美好心灵，激发师生的开拓进取精神，约束校园不良风气和行为，促进校师生身心健康发展。

（二）高职校园精神文化建设

高职校园精神文化建设是校园文化建设的核心层次。高职校园精神文化是学校在长期发展中积淀下来的精神文化成果，是全体师生员工在长期教育教学实践中形成并延续下来，得到全体师生员工共同认可和遵循的价值观念、行为习惯、思维方式、道德规范等。校园精神集中反映了一所学校的整体精神风貌，具体体现在学校办学理念、校风、教风、学风、班风和学校人际关系等方面。校园精神文化又被称为“学校精神”。

前清华校长梅贻琦先生说过：“所谓大学者，非谓有大楼之谓也，有大师之谓也。”前北大校长许智宏这样来描绘大学：“大学之‘大’，不仅在于‘大师’‘大楼’，更在于有一批‘大’学生。我们不能设想一所大学没有宽敞明亮的大楼，也不能设想一所大学没有学富五车的大师，但更不能设想一所大学没有一批朝气蓬勃、奋发向上的‘大’学生，只有这些年轻的面孔，才是一所大学的精魂之所在……大学，因大楼而大，因大师而大，更因‘大’学生而大，理固宜然。”校园精神文化建设，通过办学理念、校风、教风、学风等精神文化力量的影响，增强学校师生的凝聚力，激励教师教学和学生学习，将精神文化的教育外化成对学校的认同感和归属感。

校园精神文化建设应注重正确的价值引领，坚持正确的政治方向，体现社会主义大学的本质，强化校园文化的环境育人功能；应更多融入优秀传统文化元素，以文化人，正如习近平总书记在党的十九大报告中指出的：深入挖掘中华优秀传统文化蕴含的思想观念、人文精神、道德规范，结合时代要求继承创新，让中华文化展现出永久魅力和时代风采；应突显职业教育本色，加大行业文化、企业文化、专业文化的渗透；应立足学校办学传统，契合高职学生的生理特点、心理特点、学习基础和行为习惯，突出校风、学风、班风和教风建设。通过校风建设，如校训、校歌、校徽的打造，能更好地发挥校园精神对全体成员的激励和鼓舞作用，提升师生整体精神面貌；通过学风建设，帮助学生养成勤奋、严谨、求实、创新的良好作风，完善学生人格，提高学校办学水平，提升教育教学质量；通过教风建设，引导教师恪守教师职业操守，爱国守法、敬业爱生、教书育人、为人师表、严谨治学、服务社会，做有理想信念、有道德情操、有扎实学识、有仁爱之心的“四有”好老师。通过三风建设，更好地塑造校园精神。

（三）高职校园制度文化建设

“无以规矩，不成方圆。”高职校园制度文化是学校在实施教育教学和其他各项工作中设立的组织机构和管理制度，是规范师生行为、协调各种关系的准则。高职校园制度文化包括国家相关的政策法规、高职教育相关制度、学校传统、仪式、规章制度、组织机构、岗位职责、师生行为规范等。高职校园制度文化是校园文化的内在机制，体现为用制度管人管事。高职校园制度文化是维系学校正常教学科研和其他工作秩序不可或缺的保障机制，是校园文化建设的制度保障。只有建立起完整的规章制度，规范师生的行为，才有可能建立起良好的校风，更好地贯彻学校办学理念，保证校园各方面工作和活动的开展与落实。

健康向上的校园文化，可使高职大学生在耳濡目染中受到熏陶和感染，促进学生道德的内化。如一条适宜的广告，一个达意悦目的通知，一条言简意赅的标语，一块放置得当的警示牌，一条整洁的林荫小道，一个恰到好处的装饰，一尊引人深思的雕塑，等等，都向高职学生传递着一定的观念，给每个学生以形式美、语言美、艺术美的示范。不难想象，杂乱无章、野草丛生、废纸满地的校园环境是难以培养出文明高雅的人才的。通过优良的育人环境，使学生置身校园，仿佛感到学校的每一建筑物、每一条路、每一棵树都在向人昭示着真善美。

四、开展丰富多彩的校园文化活动

高职校园文化要强化文化的育人功能，应开展丰富多彩的校园文化生活，注重学生综合素质和职业技能的提升。组织学生开展第二课堂、技能社团、技能比武等多项科技活动，突出高职校园文化的职业特点，彰显学校办学特色；通过开展人文素养、职业素养、文化素质教育活动，发掘学生潜能，提高学生综合能力。以重庆城市管理职业学院为例，学校在强化学生的素质教育中，注重校园文化育人功能。学校大力推进高雅艺术教育育人，中央民族乐团、浙江昆剧团、西南大学交响乐团、中央歌剧院、陕西省戏曲研究院、西南大学民族管弦乐团、西南大学交响乐团、重庆市川剧院先后莅临学校专场演出，引领学生传承与弘扬优秀民族文化艺术；结合建党日、国庆日等纪念日，开展党史国史教育，弘扬民族精神和时代精神；开展“走进孔子”“茶文化节”等中国传统文化活动，举办“儒家文化与大学生成长”活动报告，开展传统文化知识竞赛，开展“正月闹元宵”“三月话清明”“五月包粽子”“八月庆中秋”等喜闻乐见的校园精神文化建设活动，引导学生传承弘扬优秀传统文化；以每年的校园文化艺术节为载体，举办“拼搏里的青春”文明礼仪大赛、“青春与理想同行”学生干部技能大赛、“唱响青春”校园十佳歌手大赛等活动，激励大学生“向真、向善、向美、向上”；精心设计“迎新季”“毕业季”系列活动，培育学生爱校情怀和职业素养。学校坚持以“爱心、责任、服务、奉献”为核心的社工人文精神引领校园风尚，将“爱心、责任、服务、奉献”社工人文精神与青年志愿服务精神融合，将产业文化、行业文化、企业文化融入校园文化建设全过程，取得了良好的育人实效。

第二节　企业文化融入高职院校校园文化的基本路径

高职教育因其显著的职业教育特色，校园文化应成为兼具企业精神和学校教育文化属性的独特文化。企业文化融入高职校园文化建设，既是高职院校自身内涵式发展的需要，也是实现高职学生未来职业化成长的需要。企业文化融入高职校园文化的基本路径主要有以下四方面。

一、专业课程教学中渗透企业文化

作为培养面向生产、管理、服务第一线技术技能型人才的高职教育，应以行业、企业的实际需求为基本依据，遵照技能型人才成长规律组织教育教学，在专业建设、课程开发及课程教学中不断渗透企业文化。一是在专业建设中，以提高学生综合职业能力和服务学生终身发展为目标，紧贴经济社会发展需求，结合行业企业发展实际，对接职业标准，指导专业建设，规范专业设置管理，推进构建专业课程新体系，实现专业课程内容与职业标准对接。二是在课程开发中，结合企业岗位实际需求，持续更新课程内容，调整课程结构，探索教材创新，实现人才培养与行业企业的紧密对接。三是在课程教学中，遵循教育规律和人才成长规律，根据职业活动的内容、环境和过程，不断推进人才培养模式改革，紧贴岗位实际生产过程，改革教学方式和方法，倡导启发式、探究式、讨论式、参与式教学，积极开展项目教学、案例教学、场景教学、模拟教学，实现教学过程与生产过程对接。通过在教学过程中引入企业管理和企业文化，让企业参与教学改革，通过企业文化的浸润，在学校里把学生培养成准员工，让学生毕业后能够较快地融入企业文化中，缩短学生到企业员工角色的转换过程，实现高职学生的“零距离”就业。

二、搭建实践平台，增强企业文化体认

建立健全校企合作机制，推动学校和企业创新校企合作制度，积极搭建校企合作实践平台，实现校企文化的互融互通。一是校企双方共建实训基地、企业学院，建设校中厂或厂中校，实现校企业文化的相互贯通。二是推动企业积极接受职业院校学生跟岗实习、顶岗实习，探索工学结合、校企合作、顶岗实习的有效途径，使学生更好地了解企业的运行制度，熟悉和认同企业的文化和价值观念，接受企业文化的熏陶。三是在企业建立教师实践基地，推动高职院校教师到企业实践，参与企业新技术、新产品的开发，为企业提供职工培训、技术咨询等服务；企业技术人员到学校参与教学，参与学校教育教学管理全过程，促进高职院校紧跟产业发展步伐，促进教育与产业、学校与企业深度合作。四是推进建立和完善“双证书”制度，实现学历证书与职业资格证书对接。设立职业技能鉴定点，将相关课程考试考核与职业技能鉴定合并进行，使学生在取得毕业证书的同时，获得相关专业的职业资格证书和行业岗位职业能力证书。

三、融入企业准则，培育学生职业精神

高职教育是高等教育中的职业教育，是职业教育中的高级阶段。高职院校应将企业规章和准则融入学生的道德教育中，注重提升学生的职业精神：一是敬业精神的培育。敬业精神是一种基于责任心对工作、对事业的全身心投入。中华民族有着“敬业乐群”“忠于职守”“庄诚恭敬”的优良传统。热爱自己的工作岗位和职业，不仅是社会生活中普通道德和职业道德的要求，而且也是事业成功的保证。作为道德要求的爱岗敬业，它的基本内涵是热爱并崇敬你所选择的职业和工作岗位，按照这个岗位和职业的要求认真负责地做好工作，树立职业理想，强化职业责任，提高职业技能，努力做到精业、勤业、乐业，以优异的成绩服务社会。二是规则意识和法纪意识的培育。通过规则意识和法纪意识教育，教育高职大学生模范地遵纪守法，遵守学校的各项规章制度，养成一种良好的行为习惯，提高高职大学生的道德自律意识，为未来走上职业岗位打下良好的基础。三是诚实守信教育。自古以来，诚实守信就被看作是做人的根本准则，是道德人格高低的标示，是立人之道、修业之本。孔子说：“人而无信，不知其可也。大车无輗，小车无軏，其何以行之哉?”加强诚信教育，既是对高职大学生做人的基本道德教育，又是一种重要的职业道德教育。从职业道德的角度，加强诚信教育，应教育学生在未来的职业活动中，做到诚实劳动，不消极怠工，不欺上瞒下，不偷奸耍滑；在业务活动中，说到做到，信守承诺，重合同守信用，不弄虚作假，不说谎骗人，不偷工减料，不以次充好。四是团队精神的培育。团队合作精神，要求高职大学生在激烈的市场竞争中，能够与同事同心协力，能宽容人，争取“双赢”，以求得事业的发展。团队合作精神教育，就是要教育学生在未来的职业活动中，正确处理好个人与他人，个人与集体的关系，努力做到相互尊重，以诚相待；相互配合，顾全大局；相互学习，谦虚谨慎；相互帮助，加强协作。

四、创新文体载体，营造企业文化氛围

在高职校园文化建设中，应通过创新文化载体，在校园物质文化、精神文化、制度文化建设中更多体现企业文化特点，更多地吸纳企业文化元素，进一步丰富校园文化的内涵。如校园雕塑涵盖劳动模范，彰显工匠精神；教学办公区域悬挂著名企业家或工匠照片，教室和楼道张贴著名企业家或劳模的经典名言；校史馆展示更多的校友创业史，邀请校友回校开展讲座报告，举办校友开放日活动；依托行业背景，以企业名称命名合作办学学院；将行业要求、企业

规章、工艺流程、操作规范纳入学生的职业精神培养和职业技能训练；依据产业发展和行业企业岗位职业能力标准所涵盖的知识、技能和职业素养要求，开展职业技能竞赛。通过营造浓厚的企业文化氛围，让学生感知、感悟企业文化，为走向职场做好充分的思想和心理准备。

第三节　新媒体环境下高职校园网络文化建设

一、新媒体的内涵与特征

新媒体也被称为数字新媒体，涵盖了所有数字化的媒体形式，是在数字技术、互联网络技术和移动通信技术基础之上延伸出来的，有别于书信、电话、报刊、广播、电影、电视等传统媒体的各种新型媒体形式，主要有网络媒体、手机媒体、数字电视等。新媒体是一个宽泛的概念，包括了利用数字技术和网络技术，通过互联网、宽带局域网、无线通信网、卫星等渠道，以及电脑、手机、数字电视机等终端，向用户提供信息和娱乐服务的所有传播形态。

新媒体的特点主要表现为：一是开放性强。新媒体信息的传播可以突破时空界限，跨越千山万水，抵达世界的各个角落，成为真正意义上的“全天候媒体”。新媒体尤其是网络新媒体的广泛传播带来了海量信息，实现了“资讯无屏障”，使网络用户可以获取的信息“永不枯竭”。二是受众面广。新媒体信息传播状态由传统媒体的一点对多点变为多点对多点。每个人都可以进行大众传播；“信息”与“意义”无关；受众的主动性大大增强。凡人所及之处，便是新媒体的信息所到之处。三是传播速度快。新媒体传播信息的速度极快，几乎做到与新闻事件同步。各种新媒体全天候、全时空、全方位地传送频频更新的信息，从政治、经济、文化、科技到体育、影视、娱乐、社会生活等，无所不包、无奇不有，使人们与世界同步。四是个性化突出。新媒体的新型传播方式，充分满足了人们对信息个性化、差异化的需求，我的地盘我做主，每个人都可以个性化地表达自己的观点，传播自己关注的信息。传播者和接受者融会成对等的交流者、而无数的交流者相互间可以同时进行个性化交流。五是交互性好。新媒体的传播方式是双向的，传播者和受众在信息交流过程中都有对等的控制权。信息传播和信息接收几乎可以同时完成，传播者和受众的身份不再明确，每个人都是传播者，每个人都是受众。六是冲击力强。每一次大众传播媒介的深刻变革，都会给人们的社会生活带来巨大的影响。在各种新媒体包罗万象的信息影响下，人们也潜移默化地改变着自己的生活方式、思维方式和价值观念。

随着大数据、互联网和移动技术的快速发展，各种类型的新媒体已经广泛渗透到人们生活的各个方面。据相关数据，截至 2017 年 6 月底，全球网民总数达 38.9 亿，普及率为 51.7%，其中，中国网民规模达 7.51 亿，居全球第一。以微博、微信、博客、网络论坛为代表的新媒体技术以强势的姿态渗透到人们生活的方方面面，对高职大学生的思想、学习和生活方式产生着深远的影响。高职大学生思想活跃、思维敏捷、易于接受新生事物，是时尚的永远追随者。新媒体以其信息资源的丰富和交流的便捷，必然成为高职大学生获取和交流信息的重要渠道，受到高职大学生的广泛关注和喜爱，使他们成为接触和使用新媒体最早最直接的群体之一。

二、有效开展新媒体时代的校园网络文化建设

（一）有效开展高校网络舆情工作，构筑新媒体教育阵地

新媒体环境下，高职院校应将新媒体文化纳入校园文化建设，有效开展高校网络舆情工作，构筑新媒体教育阵地。一是建设好融思想性、知识性、趣味性、服务性于一体的主题教育网站或网页，充分发挥新媒体信息传播的正效应，主动控制话语权，树立主流文化的权威性。通过校园网站建设，及时更新网站内容，使主流信息无时不在，无处不在，变“平面”教育为立体教育，使思想政治教育形式更为生动活泼；二是适时搜集舆情信息，加强网络平台监管，做好正面引导。密切关注学生经常聚集的网上交流平台，对论坛、微博、微信群、QQ 群等网络互动平台进行适时监控，扩大舆情信息的搜集渠道和范围，及时挖掘关于时政、教育、社会生活中有价值的舆情信息，对垃圾信息进行及时删除，对不正确的信息进行跟帖解释和引导，加大对正面事件和先进典型的宣传报道力度，放大精彩评论，净化网络环境，逐步形成先进的网络文化方向；三是注重培养学生网上“意见领袖”，通过“意见领袖”的号召力扩大网上主流声音，以正面言论孤立非主流言论，增强正面控制力。

（二）更新教育观念，运用新媒体技术有效开展大学生思想政治教育工作

新媒体技术的发展深刻地改变了高职大学生思想政治教育的社会环境，大大提高了高职大学生在思想政治教育中的主体地位，改变了教育者作为信息源的权威性，传统思想政治教育工作者的优势受到削弱。高职院校教育工作者应紧跟时代，认识新媒体的强大功能，学会并善于运用新媒体，树立起将思想政治教育与新媒体相结合的观念，努力使自己成为引导型、对话型、交流型教师。利用新媒体的交互性和易参与性实现学生的自我教育和自我管理，改变传

统的说教式管理模式；发挥新媒体信息传播潜移默化的优势，将显性教育与隐性教育相结合，使思想政治教育入脑入心；把教育对象作为主体纳入教育中，变单向灌输为双向互动，使教育成为平等的思想交流活动；通过平等对话、参与讨论，形成师生之间、生生之间相互学习、相互交流的教学机制，引导大学生积极主动参与教育过程，形成一种开放式的学习氛围，并构筑起和谐平等的师生关系。

（三）积极推进高校辅导员微信公众号建设，运用先进技术传播先进文化

微信作为一种新的网络媒体形式，因其操作简便、个性突出、趣味性强、知识性强等特点，正以极快的速度融入社会生活当中。高校政治辅导员是大学生最亲近的思想政治教育工作者。用科学的理论武装学生的头脑，引导学生学会用马克思主义的立场、观点、方法分析社会，思考人生，逐步树立起科学的世界观、人生观和价值观，是政治辅导员工作的中心任务。新媒体环境下的高校政治辅导员，必须充分利用微信等媒体的先进技术传播先进文化。辅导员设立微信公众号，通过真实的情感抒发可以引发学生产生情感共鸣，实现思想对接、观点碰撞，达到思想政治教育润物细无声的效果；辅导员通过微信公众号的信息收集、阐释、整理和发布功能，可以让学生了解自己的工作思路、工作程序、工作状态，对辅导员工作进行有效监督；辅导员可以通过微信公众号把自己的“地盘”建设成思想政治教育的主阵地，通过观点分享、情景渲染、话题聚焦、主题讨论等活动，向学生传播主流文化，对学生进行正面引导。微信公众号成为新媒体时代辅导员网络信息的代言人，可以促成辅导员用思考去凝聚大学生群体，引导大学生关注现实生活中共同经历的学习、生活过程，引领学生健康成才。

第八章 高职教育服务新型城镇化建设

新型城镇化建设是当前我国经济社会发展中的一个核心议题，关系到数以亿计人口的生产方式和生活方式的转变问题。当前，人口众多、环境污染日益严重、资源约束日趋加剧、区域发展不平衡等基本国情，决定了我国必须从实际出发，走中国特色新型城镇化道路。高职教育作为我国高等教育体系中与经济社会发展联系最直接、最紧密的部分，应主动适应并更好地服务于地区新型城镇化建设，为新型城镇化发展提供人才支撑和智力保障。

第一节 城镇化是国家现代化的重要标志

一、新型城镇化的内涵及特征

（一）城镇化

所谓城镇化，是指随着一个国家或地区经济社会的发展，人口逐步由第一产业向第二、第三产业转移，农村人口向城镇聚集，由此带来城镇规模的持续扩大和城镇人口数量的持续增多，以及由此引起一系列经济社会变化的过程。城镇化过程涵盖了人口职业的变化、经济结构的转型以及生活地域空间的变化。城镇化是伴随工业化发展，非农产业在城镇集聚、农村人口向城镇集中的自然历史过程，是人类社会发展的客观趋势。依据建设中国特色社会主义五位一体总体布局，顺应发展规律积极稳妥扎实有序推进城镇化，对决胜全面建成小康社会、进而全面建设社会主义现代化强国、实现中华民族伟大复兴的中国梦，具有重大现实意义和深远历史意义。

（二）新型城镇化

城镇化不是简单的城市人口比例增加和面积扩张，而是要在产业支撑、人居环境、社会保障、生活方式等方面实现由“乡”到“城”的转变。我国城镇化是在人口众多、资源相对短缺、生态环境比较脆弱、城乡区域发展不平衡的背景下推进的，这就决定了我国必须从社会主义初级阶段这个最大实际出发，遵循城镇化发展规律，走中国特色新型城镇化道路。新型城镇化“新”在哪里？2014年3月5日，国务院总理李克强在十二届全国人大二次会议上作的政府工作报告提出，要健全城乡发展一体化体制机制，坚持走以人为本、四化同步、优化布局、生态文明、传承文化的新型城镇化道路。

（三）新型城镇化的基本特征

中国特色新型城镇化道路有着丰富的内涵，其主要特征包括：

第一，中国特色新型城镇化是以人为本、公平共享的城镇化。以人为本是中国城镇化的本质属性。新型城镇化的核心是人的城镇化，应合理引导人口流动，有序推进农业转移人口市民化，稳步推进城镇基本公共服务常住人口全覆盖，不断提高人口素质，促进人的全面发展和社会公平正义，使全体居民共享现代化建设成果。

第二，中国特色新型城镇化是四化同步、统筹城乡的城镇化。推动信息化和工业化深度融合、工业化和城镇化良性互动、城镇化和农业现代化相互协调，促进城镇发展与产业支撑、就业转移和人口集聚相统一，促进城乡要素平等交换和公共资源均衡配置，形成以工促农、以城带乡、工农互惠、城乡一体的新型工农、城乡关系。

第三，中国特色新型城镇化是优化布局、集约高效的城镇化。根据资源环境承载能力构建科学合理的城镇化宏观布局，以综合交通网络和信息网络为依托，科学规划建设城市群，严格控制城镇建设用地规模，严格划定永久基本农田，合理控制城镇开发边界，优化城市内部空间结构，促进城市紧凑发展，提高国土空间利用效率。

第四，中国特色新型城镇化是生态文明、绿色低碳的城镇化。把生态文明理念全面融入城镇化进程，着力推进绿色发展、循环发展、低碳发展，节约土地、水、能源等资源，强化环境保护和生态修复，减少对自然的干扰和损害，推动形成绿色低碳的生产生活方式和城市建设运营模式。第五，中国特色新型城镇化是传承文化，彰显特色的城镇化。根据不同地区的自然历史文化禀赋，体现区域差异性，提倡形态多样性，防止千城一面，发展有历史记忆、文化脉络、地域风貌、民族特点的美丽城镇，形成符合实际、各具特色的城镇化发展模式。

二、新型城镇化是现代化的必由之路

马克思早在100多年前就预言：“现代化的历史就是乡村城市化，而不像在古代那样，是城市乡村化。”澳大利亚有句名言：“农业革命是城市诞生的时间，工业革命是城市组成的时间。”工业革命以来的经济社会发展史表明，一国要成功实现现代化，在工业化发展的同时，必须注重城镇化发展。城镇化是工业化进程中的必经阶段，是国家现代化的重要标志。工业化和城镇化是同一问题的两个方面，如鸟之双翼、车之双轮，彼此互为支撑，良性互动。工业化和城镇化的良性发展是世界各国现代化的成功经验。

中国特色的新型城镇化意味着城镇化、工业化、信息化和农业现代化的同步发展，“四化”相辅相成、融为一体。其中，工业化是发展的动力，居于主导地位；信息化具有后发优势，为发展注入新的活力；农业现代化是发展的重要根基；城镇化则是承载工业化、信息化和农业现代化发展的载体和平台。在我国，新型城镇化也是解决“三农”问题的重要途径，随着农业人口向城镇的转移，农业劳动生产率的提高，能有效帮助农民增收，进一步缩小城乡收入差距。新型城镇化是一项重要的民生工程，是促进社会公平，让全体人民共享发展成果的重要举措。

当前，我国正处于城镇化深入发展的关键时期。党的十八大报告提出了城镇化质量明显提高的战略目标：到 2020 年，工业化基本实现，信息化水平大幅提升，城镇化质量明显提高，农业现代化和社会主义新农村建设成效显著，区域协调发展机制基本形成。“坚持走中国特色新型工业化、信息化、城镇化、农业现代化道路，推动信息化和工业化深度融合、工业化和城镇化良性互动、城镇化和农业现代化相互协调，促进工业化、信息化、城镇化、农业现代化同步发展。”党的十八届三中全会提出坚持走中国特色新型城镇化道路，推进以人为核心的城镇化，推动大中小城市和小城镇协调发展、产业和城镇融合发展，促进城镇化和新农村建设协调推进。优化城市空间结构和管理格局，增强城市综合承载能力。2014 年 3 月，国家发展改革委颁布《国家新型城镇化规划（2014—2020 年）》，明确了中国特色新型城镇化的发展路径、主要目标和战略任务。《中华人民共和国国民经济和社会发展第十三个五年规划纲要》提出，必须牢牢把握中国特色社会主义事业总体布局，正确处理发展中的重大关系，重点促进城乡区域协调发展，促进经济社会协调发展，促进新型工业化、信息化、城镇化、农业现代化同步发展，在增强国家硬实力的同时注重提升国家软实力，不断增强发展整体性。2017 年 10 月，党的十九大报告提出，我国社会主要矛盾已经转化为人民日益增长的美好生活需要和不平衡不充分的发展之间的矛盾。当前更加突出的问题是发展不平衡不充分，这已经成为满足人民日益增长的美好生活需要的主要制约因素。必须坚定不移贯彻创新、协调、绿色、开放、共享的发展理念。更好发挥政府作用，推动新型工业化、信息化、城镇化、农业现代化同步发展。

走中国特色新型城镇化道路，对于决胜全面建成小康社会、进而全面建设社会主义现代化强国具有重大的战略意义。以重庆市为例，重庆直辖以来，城镇化全面进入高速发展期。1997—2011 年，城镇常住人口几乎翻一番，城镇化率由 31%提高到 55%，超过全国平均水平，位居西部第二，基本形成以特大城市、区域性中心城市、一般区县城及小城镇构成的 4 级城镇体系。按照世界城镇化规律分析，重庆市城镇化处于加速发展阶段，并将进入质量与速度并重的发展阶段。“十二五”期间，重庆市累计 429 万农业转移人口进城落户，城乡居民收入比缩小至 2.6∶1；常住人口城镇化率由 2010 年的 53%提高到 2015 年的 60.9%。按照重庆市“十三五”规划，预期 2020 年户籍城镇化率达到 50%，常住人口累计增加 200 万左右。提高户籍人口城镇化水平，城镇户籍人口累计增加 130 万左右。

第二节　新型城镇化发展对高职教育的现实需求

改革开放以来，我国东部沿海地区率先开放发展，形成了京津冀、长三角、珠三角等一批城市群，有力推动了东部地区快速发展，成为国民经济重要的增长极。但与此同时，中西部地区发展相对滞后，一个重要原因就是城镇化发展很不平衡，中西部城市发育明显不足。2016 年 3 月 30 日，国务院常务会议通过《成渝城市群发展规划》，引领西部新型城镇化和农业现代化建设。该规划强调要以强化重庆、成都辐射带动作用为基础，以创新驱动、保护生态环境和夯实产业基础为支撑，建设引领西部开发的城市群，形成大中小城市和小城镇协同发展格局，走出一条新型城镇化和农业现代化互促共进的新路子，对推进西部大开发和长江经济带建设等重大战略契合互动，释放中西部巨大内需潜力，拓展经济增长新空间。未来，随着规划的逐步实施，我国在长江经济带上将形成“长三角城市群”“长江中游城市群”和“成渝城市群”的布局，更好地形成合力，助力区域经济协同发展。

一、新型城镇化建设对高职教育的现实需求

以服务地方经济社会发展为己任的高职教育，具有鲜明的地域性和依存度特征，在为新型城镇化建设提供智力支撑和人才资源保障方面具有独特的区位

优势。当前不断推进的新型城镇化建设对高职教育提出了新的现实需求：

（一）产业布局调整要求高职院校进一步优化专业结构

新型城镇化需要产业支撑以促进产城融合，带动经济增长。国家“十三五”规划提出：推动城镇化与产业支撑、人口集聚有机结合，形成重要战略支撑区。产业迈向中高端水平，农业现代化进展明显，工业化和信息化融合发展水平进一步提高，先进制造业和战略性新兴产业加快发展，新产业新业态不断成长，服务业比重进一步提高。

城镇化建设的推进，会带来第一产业比重逐步下降、第二、第三产业比重逐步上升，提高服务业的就业弹性和就业规模。生活性服务需求增长的最大潜力在广大农村。伴随着新型城镇化进程中的农村人口向城镇的集聚、城市居民生活水平的提高、消费模式的转变、消费结构的升级，会进一步拉动内需，促进生活性服务业发展；而生产要素的优化配置、三次产业的联动、社会分工的细化，也会扩大生产性服务需求。新型城镇化建设带来的经济结构转型、产业布局和产业结构的调整，生产性服务业的发展，生活性服务业水平的提升，职业种类和职业内涵的变化，人才需求的类型和规格呈多元化发展，迫切要求高职院校主动适应地区产业结构调整方向，通过专业设置和专业结构调整，及时反映产业发展对人才需求的变化，培养适应新型城镇化发展需要的高素质高技能型人才。

（二）农村转移人口的市民化要求高职院校多渠道开展新市民教育

人的城镇化是提高城镇化质量的关键。“十三五”规划提出：统筹推进户籍制度改革和基本公共服务均等化，健全常住人口市民化激励机制，推动更多人口融入城镇。近年来，伴随户口登记制度、农村土地流转制度改革的推进，我国正在逐步打破城乡二元制度的“坚冰”。2016 年，我国有 1 600 万人进城落户，常住人口城镇化率达到 57. 35%，比 2015 年提高 1. 25 个百分点；户籍人口城镇化率 41. 2%，比 2015 年提高 1. 3 个百分点。以重庆市为例，截止到 2015 年，重庆市常住人口为 3 016. 55 万，城镇人口 1 838. 41 万，农村人口 1 178. 14 万，常住人口城镇化率达到 60. 9%。在城镇，农民工已成为我国产业工人的主体。但是，由于户籍限制、就业能力、生活习惯、文化积淀等诸多因素的瓶颈制约，大量农业转移人口游离于城市之外，处于“半市民化”状态。他们生活的地域、从事的职业、名义上的身份发生了变化，但他们的生活方式、文化认知、心理角色、社会权益并未发生真正的转变，他们成为“被城镇化”的城市边缘人。农村转移人口的市民化，其生产方式、生活方式也面临巨大的变化，要想顺利实现这一转变，劳动者需要接受职业教育，使他们获得在城镇谋生、适应城镇生活和创造现代工业文明所需的知识、技能与素质。因此，需要高职院校多渠道开展岗位职业技能培训，融入社区教育，帮助进城农民提高生存技能和综合素质。

（三）农业现代化发展要求高职院校进一步提升服务三农水平

新型城镇化是和农业现代化相互协调的城镇化，是城乡一体化发展的城镇化。“十三五”规划提出，推动新型城镇化和新农村建设协调发展，提升县域经济支撑辐射能力，促进公共资源在城乡间均衡配置，拓展农村广阔发展空间，形成城乡共同发展新格局。城乡二元体制下，农业水土资源约束趋紧，土地规模经营难以推行，传统生产方式难以改变，这是“三农”问题的根源。随着农村人口的减少，农民人均水土资源占有量的增加，有利于节约土地，促进农业生产的规模化和机械化，促进农业发展的现代化。现代化农业生产和社会主义新农村建设，急需大量掌握农业生产经营知识的农业管理人才，需要大量的新型职业农民，需要服务于现代农业的高技术、高技能型人才。高职院校应主动承担新型职业农民和现代农业技术人才的教育培训责任，提升高职院校服务现代化农业和新农村建设水平。

城镇化是人类社会发展的客观趋势。国外城镇化主要有三种典型模式：以西欧为代表的发达市场经济国家在政府调控下的市场主导型城镇化；以美国为代表的自由放任式的城镇化；以拉美为代表的受殖民地经济制约的发展中国家的过度城镇化。从世界各国城镇化发展经验来看，高等职业教育的发展水平直接影响着一个国家和地区的城市化进程。欧美国家高职教育在20世纪六七十年代得以快速发展，其深刻的社会经济原因在于西方各国于二战后相继进入经济高速发展和产业结构调整时期，与此同时，第三次科技革命浪潮极大地提升了技术教育和技术型人才培养的重要性。西方高职教育强化了高等教育的职业化和实用性，职业教育与职业培训并举，满足了产业发展的现实需要，为城市化发展提供了强大的人才支撑。

二、高职教育服务新型城镇化建设现状及存在的问题

近年来，高职教育发展迅速，在服务区域经济建设中发挥了较大作用。

一是着力培养产业转型升级急需人才。高职院校依据产业转型升级对信息技术的需要，积极培养物联网、移动通信等产业急需人才。发挥场地、设施、师资、教学实训设备、网络及教育资源优势，开展移动应用开发、云计算技术与应用、物流信息技术等人才培养、技术服务和相关培训。依据制造业加快转型升级和提质增效需要，努力培养满足中高端制造业发展所需人才。据《中

国高等职业教育质量报告 2017》中的数据，近五年来，全国高职院校成为制造业技术、技能人才的主要供给端，为制造业培养和输送了 170 万毕业生，优化了我国制造业人力资源结构，为制造业向中高端迈进提供了有力的技术、技能人才支撑。2016 年，全国高职院校的制造大类专业点约 6 000 个，在校生超过 100 万人。一批高职院校围绕智能制造需要，面向高档数控机床和机器人、先进装备制造、新材料等产业，主动调整专业布局，多方共建应用技术协同创新中心，为高端制造提供人才和技术支撑。

二是专业设置伴随新兴产业协同发展。高职院校积极围绕新兴产业发展对技术技能型人才的需求开设新专业，服务“中国制造 2025”“互联网+”等战略的新装备、智能制造、电子信息、物联网、移动互联、智能家居的专业点数达 9 544 个；服务民生需求、新兴产业的康复护理、健康养老、公共事业、休闲农业等专业数达 2 559 个，为国家重大战略的实施和民生发展提供人才支撑。

三是行业深度参与，校企协同育人。合作企业全程参与专业招生、人才培养方案制订、课程与教材开发、理论与实践教学、人才培养质量评价等各个环节，促进了人才培养过程与生产实践的对接。企业兼职教师成为专业教学的有生力量，全国半数以上院校的企业兼职教师专业课课时占比达 16.0%。行业企业专家参与高职院校人才培养质量评价过程，推进了学校人才培养标准与行业企业用人标准对接。

四是搭建产教融合平台，将产业优秀元素融入教学。高职院校和一批优秀企业共建实习实训、技能培训、技术研发等多种功能于一体的合作平台，推动了产业优秀元素深度融入教育教学过程，促进了教学革新、教师成长和院校服务能力的提升。

高职教育在新型城镇化建设中，应主动适应并更好地服务于地区新型城镇化建设。但是，当前一些高职院校与地方经济发展和新型城镇化建设的需求仍然存在着一定的差距。以重庆市高职院校为例，在财政支持、人才培养目标、专业设置、新市民教育参与度、涉农院校和涉农专业建设等方面，还存在着不能更好地服务地方经济等问题。

《2016 中国高等职业教育质量年度报告》和《2017 中国高等职业教育质量年度报告》，按照“服务发展、促进就业”的办学方向，依据各高职院校毕业生人数、就业去向、横向技术服务到款额、纵向科研经费到款额、技术交易到款额、非学历培训到款额和公益性培训服务等七项指标，排出服务贡献 50 强高职院校。2016 年，重庆电子工程职业学院入选全国 50 强高职院校；2017

年，重庆电子工程职业学院和重庆工商职业学院两所院校入选。但是，重庆市高职教育整体发展水平还有待加强，主要问题表现在以下几个方面：

一是财政拨款不足。据2017年全国职业教育与继续教育工作会议资料，2014年，全国高职高专学校生均公共财政预算教育经费支出平均水平为10 148元，重庆市为7 674元；2015年全国高职高专学校生均公共财政预算教育经费支出平均水平为12 751元，重庆市为10 637元，均低于全国平均水平。2016年，北京、西藏以外，29个省份公办高职院校年生均财政拨款水平低于9 000元，重庆生均财政拨款水平在全国的排名为23位。建立完善的高职院校生均拨款制度是高职院增强可持续发展的重要保证，如何完善财政拨款机制，发挥财政杠杆作用，保证经费投入的合理性，调动地级市政府和行业企业办学积极性，是落实生均财政拨款制度必须要解决的紧迫问题。

二是人才培养目标与新型城镇化建设需求存在一定偏差。一些院校人才培养目标和理念较为笼统，如有些学校是为东部大城市制造业、服务业输送高素质、高技能人才，而非致力于本地创业和自身的可持续发展，人才培养定位模糊成为制约职业教育发展的重要因素。其一，在知识传授过程中比较重视“传承”，而不是“创新”。过分注重系统的理论知识灌输，对学生职业能力的培养仅仅局限于实验性的实训和毕业实习，忽视了对学生创新精神与创新能力的培养，学生的潜力也未能得到充分的挖掘。其二，培养理念上重视培养“专业人才”，而忽视对“通用人才”的培育。学校在对学生进行教育的过程中缺乏通识教育，导致学生的知识面较为狭窄，知识延伸能力欠缺，难以满足城镇化发展对复合型人才的需求。其三，对学生的合作意识和协作能力的培养有待加强。一些高职院校缺乏对学生间的合作意识与合作能力的培养，不利于学生在未来工作岗位上的团结协作。

三是办学特色不鲜明，专业同质化现象突出。部分院校的专业设置没有经过充分调研，带有一定的功利倾向，盲目追逐市场需求，热衷于短期热门专业，专业调整不能及时跟进产业结构和岗位结构的变化，缺乏前瞻性，导致学校办学特色不鲜明。据调查，重庆40余所独立设置的高职院校中，共设置19个专业大类、312个专业。专业设置大类集中较多的是市场营销类、电子信息类、计算机类、旅游管理类、自动化类。从2006年开始，教育部、财政部陆续启动了国家示范性高等职业院校建设计划项目，重庆市目前有重庆电子工程职业学院、重庆工业职业技术学院和重庆工程职业技术学院三所国家示范性高职院校；有重庆城市管理职业学院、重庆电力高等专科学校和重庆工商职业学院三所国家骨干高职院校。六所国家示范和国家骨干高职院校均开设了物流管理、酒店管理、旅游管理等相关专业，除重庆电力高等专科学校外，其余五所院校都开设了会计专业，专业同质化现象突出，专业重复率高，培养的学生无法较好地满足当地经济社会发展需求，部分专业毕业生不能充分就业。

四是直接服务“三农”的涉农院校和涉农专业较少。从重庆职教布局来看，已构建起“1+2+4+N”的职教发展格局。高职院校主要布局在主城区，15%高职院校布局在万州、永川两个职教基地；有15%布局在涪陵、黔江、江津、合川4个职教区域中心；30%布局在其他区县。由于诸多原因，政府部门和社会对发展农业高等职业教育的重要性认识不够，对高职院校服务“三农”能力建设重视不够，部分高职院校本身主动服务“三农”意识不强，在人才培养方向、专业设置及产学结合上都存在着重视二、三产业，轻视第一产业的现象。在重庆市40余所高职院校中，只有重庆三峡职业学院是唯一涉农的市级示范性高等职业院校，该学校开设43个专业，所有专业都是围绕现代农业产业结构打造和建设的，纵向对接农业产前、产中、产后全产业链，横向则对接现代农业装备、配套、保障和服务，并跨越第一、第二、第三产业。在重庆市六所国家示范和骨干高职院校中，涉及农、林、牧、副、渔的专业布点和开设的学校较少，只有重庆城市管理职业学院开设了农村金融、园林技术等涉农专业，重庆工程职业技术学院开设了园林工程技术专业。服务三农方面，专业布点数和设置专业的院校数不能完全满足三农发展对高技能人才的需求。

五是职业院校参与新市民教育培训积极性不高。重庆市政府从2014年开始进行了农民工新市民培训试点工作，培训包括道德修养、邻里关系、文明礼仪、消防安全、交通安全、权益维护、就业创业、卫生常识、身心健康9个板块内容。针对不同农民工群体，采取集中式培训、讲座式培训和线上网络培训等方式免费开放，并实施了“阳光工程”“雨露计划”“在岗农民工技能培训”“农村实用技术培训”等培训工程。从2015年5月开始，市人力资源和社会保障局建设了农民工新市民网络学院，开发了手机App和微信公众账号，农民工可以用“慕课”的方式登陆重庆市农民工新市民网络学院。2015年7月，重庆市人民政府办公厅下发了《关于进一步做好新形势下农民工工作的通知》，对农村转移就业劳动者开展职业技能培训，对具备中级以上职业技能的农民工开展高技能人才培训，将农民工纳入终身职业培训体系，进一步稳定和扩大农民工就业创业。2017年，重庆市着力培养一支综合素质高、生产经营能力强、主体作用发挥明显的新型职业农民队伍，全年共培育新型职业农民18 714人，全年创建青年农场主创业孵化基地53个。

高职院校一直致力于培养技术型、技能型人才，应以其专业门类齐全、课程综合全面、较高水平的教学设施等优势，为新市民培训和社区教育提供更丰富的教学资源和更便利的设施。但由于缺乏相关的激励机制和财政补贴等制度保障，高职院校参与新市民培训和社区教育的积极性并不高，较多的是以志愿者服务的形式参与此项活动，活动带有随机性，加之农民对职业技能培训缺乏认识，缺乏长远的职业规划，未建立起高职院校参与农民工新市民培训的长效机制。

第三节 高职教育服务新型城镇化建设的路径

高职教育服务地方新型城镇化建设，既是新型城镇化建设的需要，也是高职教育自身发展的需要。高职教育如何更好地服务于地区新型城镇化建设，为新型城镇化建设提供智力支撑和人才保障，成为每一个高职教育工作者都必须认真思考的重要课题。以重庆市高职院校为例，高职院校应通过完善自身发展，促进教育教学改革，成为推动新型城镇化建设的重要力量。

一、立足城镇化建设，拓宽高职教育发展空间

高职教育的社会服务功能最直接的体现就是立足区域经济，服务地区新型城镇化建设和地区经济发展。以重庆市为例。重庆是我国西部地区唯一的直辖市，以其大城市带大农村的特点，成为我国西部地区城镇化发展的重要支撑。2016 年 1 月，习近平总书记视察重庆时指出，重庆集大城市、大农村、大山区、大库区于一体，协调发展任务繁重。要促进城乡区域协调发展，促进新型工业化、信息化、城镇化、农业现代化同步发展，在加强薄弱领域中增强发展后劲，着力形成平衡发展结构，不断增强发展整体性。目前，国家持续推动的“一带一路”和长江经济带发展战略，为重庆市提升教育发展水平，提高服务经济社会发展能力提供了新机遇。

在重庆市近年来的城镇化进程中，为积极对接国家“一带一路”倡议和建设长江经济带重大机遇，优化重庆城镇化发展格局，推动成渝城市群建设，重庆市委、市政府确立了“6+1”支柱产业行业。地处重庆各区域的高职院校应将服务领域和服务对象定位于重庆城市发展战略格局，主动融入成渝城市群建设的功能定位，依托本区域产业业态的变化，结合学校办学特色，紧密衔接市场，确定办学方向，真正树立起产教融合的办学理念，加强政校企合作，以服务为宗旨、以就业为导向、以育人为中心，服务于本地经济发展和新型城镇化建设，在新型城镇化建设背景下谋求更大的发展空间。

地处三峡库区腹心地带的重庆三峡职业学院是重庆市仅有的一所涉农高职院校。学校立足三峡，专注现代农业，服务库区，服务三农，服务移民，成为一所致力于打造“现代农业”的重庆市示范性高职院校。位于重庆大学城区域的重庆城市管理职业学院，围绕“面向城市发展和公共事业管理、服务一线，培养适应地方经济社会发展新常态需要的高素质技术技能人才”的定位，适应经济社会转型发展需要，着力把学校建成“服务民政社工行业发展具有影响力、服务重庆城市发展具有知名度、深化开放办学国际合作具有示范性、探索本科职业教育具有引领性”特色鲜明的应用型高校。重庆电子工程职业学院坚持服务重庆区域经济发展，紧紧依托显要区位优势，确立了“以电子信息为特色，培养先进制造业、现代服务业等技术密集型产业领域一线需要的高素质技术技能型人才，注重应用研发与技术服务”的办学定位，明确建设“电子信息类高水平特色应用型高等院校”的发展目标。

二、对接城镇化产业发展，优化专业设置

新型城镇化是产城融合的城镇化，职业教育要融入城镇的产业要素，推进职业教育产教融合。按照《中国制造 2025》和国家“十三五”规划产业要求，推进信息技术与制造技术深度融合，促进制造业朝高端、智能、绿色、服务方向发展；支持新一代信息技术、新能源汽车、生物技术、绿色低碳、高端装备与材料、数字创意等领域的产业发展壮大，提升新兴产业支撑作用；推动生产性服务业向专业化和价值链高端延伸、生活性服务业向精细和高品质转变；加快教育培训、健康养老、文化娱乐、体育健身等领域发展；积极发展家庭服务业，促进专业化、规模化和网络化发展。从专业设置上，应健全专业随市场发展动态调整的机制，专业调整必须着眼于产业集聚，发展面向先进制造业、现代服务业的专业，着眼于城镇化进程中本身需要发展的城市建设、生态文明建设等专业，着眼于公共文化产品供给，发展社会管理、文化产业等专业。

近年来，面向现代生活性服务业发展需求，全国较多的高职院校广泛开设了康复工程技术、精密医疗器械技术、社会服务事业管理、影视多媒体技术等专业，加快培养护理、养老和社会服务等紧缺人才，为生活性服务向高端、精细和高品质发展提供了人力资源基础。《中国劳动统计年鉴—2016》数据显示，在卫生和社会工作、公共管理、社会保障和社会组织等行业中，接受过高等职业教育的从业人员接近 30%，成为行业发展的生力军。

就区域经济发展而言，高职院校应及时跟进区域产业发展趋势，紧密契合产业发展所需，找准政校合作和校企合作的节点，为地区产业升级和结构优化

提供人才服务。在重庆产业发展变迁过程中，重庆支柱产业由直辖初期的汽车及摩托车、化工、冶金三大支柱产业，发展到2013年以来的“6+1”支柱产业：电子信息、汽车、装备、化工、材料、能源、消费品。笔电产业已成为重庆市工业增长的第一驱动力。重庆已成为亚洲最大的笔记本电脑基地、亚洲半导体产业旗舰基地和中国西部领先软件及服务外包基地。产业结构的变化势必带来专业结构的调整。重庆电子信息产业的迅速发展带来了电子信息产业人才需求的快速增长，为高职院校专业结构优化提供了现实依据。重庆本地高职院校应以区域支柱产业和特色产业发展为主导，重点围绕我市支柱产业、战略性新兴制造业和服务业、特色效益农业等产业发展需要，优化职业教育专业设置与布局结构，加大与产业密切的专业点建设支持力度，建成与区域经济和产业转型升级相匹配的专业体系。通过增设新专业，淘汰改造旧专业，打造精品，彰显特色，不断优化专业结构；以行业需求为导向，深化产教融合、校企合作，推动专业设置与产业需求对接，实现人才培养与企业岗位需求“零距离”，满足本地区经济社会发展对各类专业人才的需求。

重庆城市管理职业学院当前设置48个专业，跨13个专业大类，涉及财经商贸、电子信息、公共管理与服务等专业领域。学校开设专业中，公共管理与服务大类专业占学校专业总数的23.40%，财经商贸大类专业占学校专业总数的19.15%，电子信息大类专业占学校专业总数的14.89%，文化艺术大类专业占学校专业总数的10.64%，四个大类专业共占学校全部专业的68.09%。学校所设置的专业与重庆市经济发展、产业结构调整契合紧密，主要分布在“6+1”支柱产业的电子信息类，十大战略新兴产业中的集成电路、物联网领域，5大贸易服务专项中的跨境电子商务服务、国际商品展销服务、口岸贸易与离跨境结算服务等范围。

三、重视非学历教育，坚持职前教育与职后培训并举

新型城镇化进程中，农民进城要实现“进得来、立得住、留得下”，必须掌握一技之长，获取生存本领。新型城镇化建设带动了城市第二、第三产业的快速发展，将产生大量的新型职业、就业岗位和用工需求，对劳动者的职业素质和职业技能也提出了更高要求，而农民工的择业观念、职业素质与经济结构调整、生产技术转变带来的就业岗位要求难以适应，导致他们就业层次和就业收入偏低，结构性失业成为常态。以技能促就业是农民工在城市立足的必然选择。高职院校应借助自身师资、技术优势，与政府、社区、企业合作，应用“互联网+”，开发职业教育培训网络学院、手机App和微信公众号，在进城农

民工职业培训中有所作为。一是开展进城农民工就业技能培训。对转移到非农产业务工经商的农村劳动者开展专项技能培训，基本消除新成长劳动力无技能从业现象。二是搞好在职人员的岗位技能提升培训。与企业合作，结合行业、企业特点和岗位技能需求，对在岗农民工进行在岗技能提升培训。三是与社区合作开展面向农民工的公益性培训。与街道、社区共同举办形式多样的社区培训，提升农民工的职业技能和综合素质。四是利用职业院校职业培训基地和技能鉴定资质，将职业培训与职业资格鉴定相结合，支持从业人员参加职业培训和技能鉴定考核，推进从业者职业化、专业化。

重庆三峡职业学院，通过搭建包括三农服务专家服务团、讲师团、万州区农业有害生物应急防控分队、现代农业推广中心、三峡兴农网等在内的服务平台，开展了现代农业项目规划、产业基地建设、移民培训等服务工作。学院参与建设了新农村建设示范村 2 个，启动了“助农工程”和“温暖工程”，先后举办了果树蔬菜、动物饲养、农资营销、汽车维修等多个专业的中短期培训；开展移民培训、在岗农民工技能提升等各类培训等 15 000 余人，为实现库区移民百姓创富增收提供了强大的智力支持和技术支撑。

四、关注新生代农民，开展新市民教育

农民转市民，并非简单的户籍名称的改变，更是思想观念、文明素养、行为习惯、生活方式的变革。在农民变市民进程中，高职院校可以通过设立街道、社区工作站等形式融入社区教育，以社区学院、网络课堂、主题讲座、短期培训、广场文化等渠道，构建多元化的新市民教育网络，让进城农民真正融入现代城市文明，在城市获得归属感、认同感、安全感和幸福感。一是开展基础文化知识教育，开展优秀传统文化和当代科普知识教育，提高进城农民城市生活技能，提升农民整体文化素质。二是开展社会主义核心价值观和公民基本道德规范教育，树立现代城市文明生活理念，提升新市民文化生活品质。三是开展公民基础法律知识普及教育，培养新市民的法治思维，养成知法、守法、用法的良好习惯。四是开展民主政治意识教育，扩大和引导农业转移人口有序参与政治，积极投入城市社区基层民主建设，自主管理基层公共事务和公益事业。

位于重庆市渝北区空港的重庆工业职业技术学院本着“以人为本、立足社区、服务市民”的宗旨，与学校周边街道和乡镇结对共建社会实践基地，创办市民学校 8 所。形成团建工作“一对一”帮扶模式，围绕社区安全性、便利性、健康性、娱乐性、互助性等基本功能和居民实际需求，共同开展

“四点半课堂”“家电义务维修”“网络安全宣传”等促进社区文化建设和市民素质提升的活动。

重庆城市管理职业学院团组织积极响应团市委号召，以城乡社区市民学校的形式，设立扎根在街道、小区、公租房家门口的志愿服务站，成为学校用“阵地”留住雷锋，让服务常态化的重要平台。“想你时你就在眼前”，按照普通居民的需求提供新市民素质提升、康复保健、关爱留守儿童、关爱老人、安全自护教育等专业化、常态化的志愿服务。截至2015年12月，重庆城市管理职业学院注册志愿者总人数达8 610人，服务总时长近20 978小时，惠及居民10 000余人次。

第九章　高职教育服务精准扶贫战略

消除贫困、改善民生、逐步实现共同富裕，是社会主义的本质要求，也是中国共产党的重要使命。改革开放以来，在全党全社会的共同努力下，我国成功解决了几亿农村贫困人口的温饱问题，成为世界上减贫人口最多的国家。党的十八大以来，以习近平同志为核心的党中央把扶贫开发摆到治国理政的重要位置，提升到事关全面建成小康社会、实现第一个百年奋斗目标的新高度，加大扶贫投入，创新扶贫方式，出台系列重大政策措施，扶贫开发取得巨大成就。

第一节　高职教育是推动精准扶贫的重要力量

当前，贫困问题依然是我国经济社会发展中最突出的“短板”，脱贫攻坚形势复杂严峻。打赢脱贫攻坚战，确保到2020年现行标准下农村贫困人口实现脱贫，是促进全体人民共享改革发展成果、实现共同富裕的重大举措。

一、精准扶贫的提出

精准扶贫是相对粗放扶贫而言，将传统的“大水漫灌”粗放式扶贫，通过精确识别、精确帮扶、精确管理的方式，转变为针对不同贫困区域环境、不同贫困农户状况的“精确滴灌”式扶贫。实施精准扶贫方略，就是要找到“贫根”，对症下药，靶向治疗。2013年11月，习近平总书记考察湖南湘西时首次提出“精准扶贫”重要思想，做出了“实事求是、因地制宜、分类指导、精准扶贫”的重要指示；2014年1月，中办详细规制了精准扶贫工作模式的顶层设计，推动了“精准扶贫”思想落地；2014年3月，习近平总书记参加两会代表团审议时强调，要实施精准扶贫，瞄准扶贫对象，进行重点施策，进一步阐释了精准扶贫理念；2015年11月，中央扶贫开发工作会议召开，进一步确立了精准扶贫、精准脱贫的基本方略。

在中央扶贫开发工作会议上，习近平总书记强调，要解决好“怎么扶”的问题，按照贫困地区和贫困人口的具体情况，实施“五个一批”工程。一是发展生产脱贫一批，引导和支持所有有劳动能力的人依靠自己的双手开创美好明天，立足当地资源，实现就地脱贫。二是易地搬迁脱贫一批，贫困人口很难实现就地脱贫的要实施易地搬迁，按规划、分年度、有计划组织地实施，确保搬得出、稳得住、能致富。三是生态补偿脱贫一批，加大贫困地区生态保护修复力度，增加重点生态功能区转移支付，扩大政策实施范围，让有劳动能力的贫困人口就地转成护林员等生态保护人员。四是发展教育脱贫一批，治贫先治愚，扶贫先扶智，国家教育经费要继续向贫困地区倾斜、向基础教育倾斜、向职业教育倾斜，帮助贫困地区改善办学条件，对农村贫困家庭幼儿特别是留守儿童给予特殊关爱。五是社会保障兜底一批，对贫困人口中完全或部分丧失劳动能力的人，由社会保障来兜底，统筹协调农村扶贫标准和农村低保标准，加大其他形式的社会救助力度。

2016 年 11 月，国务院发布《国务院关于印发“十三五”脱贫攻坚规划的通知》（国发〔2016〕64 号），提出国家“十三五”期间的脱贫目标：到 2020 年，稳定实现现行标准下农村贫困人口不愁吃、不愁穿，义务教育、基本医疗和住房安全有保障（简称为“两不愁、三保障”）。贫困地区农民人均可支配收入比 2010 年翻一番以上，增长幅度高于全国平均水平，基本公共服务主要领域指标接近全国平均水平。确保我国现行标准下农村贫困人口实现脱贫，贫困县全部摘帽，解决区域性整体贫困。

全面建成小康社会、实现第一个百年奋斗目标，农村贫困人口全部脱贫是一个标志性指标。习近平总书记在党的十九大报告中指出，坚决打赢脱贫攻坚战。让贫困人口和贫困地区同全国一道进入全面小康社会是我们党的庄严承诺。党的十八大以来，以习近平同志为核心的党中央，坚持以人民为中心的发展思想，全面部署精准扶贫、精准脱贫工作，在全面建成小康社会的进程中补齐民生短板，脱贫攻坚战取得决定性进展。从贫困人口的减少来看，2012 年年底，我国现行标准下的贫困人口是 9 899 万人，到 2017 年年底，贫困人口 3 000 万左右，贫困人口大幅下降，五年累计减贫 6 000 万人以上，贫困发生率从 10.2%下降到 4%以下，人民获得感显著增强。

当前，我国已进入脱贫攻坚的关键时期，现有贫困人口主要集中于深度贫困区域，这些地区多为革命老区、民族地区和边疆地区。据国务院扶贫办信息，我国目前连片的深度贫困区域主要集中在西部地区的“三区三州”，即西藏、新疆南疆四地州（喀什地区、和田地区、克孜勒苏柯尔克孜自治州以及阿克苏地区）、四省藏区（除西藏自治区以外的青海藏区、四川藏区、云南藏区以及甘肃藏区）和四川凉山州、甘肃临夏州、云南怒江州。“三区三州”成为我国深度贫困的集中地带，也是中央财政统筹重点支持的深度贫困地区。推进西部地区精准扶贫，有利于促进边疆繁荣稳定，巩固祖国边防；有利于促进西部大开发，缩小东西部地区差距，推进区域经济协调发展；有利于促进西部地区新农村建设，推进乡村生活富裕，实现乡村振兴；有利于进一步保障少数民族合法权益，提升少数民族人民福祉，构筑平等团结合作的新型民族关系，维护社会和谐稳定。

二、大力发展高职教育是落实精准扶贫政策的重要力量

习近平总书记多次谈到教育在精准扶贫工作中的重要支撑作用。2013 年 11 月，习近平在同山东菏泽市及县区主要负责同志座谈时讲到，要紧紧扭住教育这个脱贫致富的根本之策，再穷不能穷教育，再穷不能穷孩子，务必把义务教育搞好，确保贫困家庭的孩子也能受到良好的教育，不要让孩子输在起跑线上；2017 年春节前夕，习近平赴河北张家口看望慰问基层干部群众时指出，要把发展教育扶贫作为治本之计，确保贫困人口子女都能接受良好的基础教育，具备就业、创业能力，切断贫困代际传递。高职教育是独具中国特色的高等教育类型，与区域经济社会发展紧密相连，在教学、师资、技术、培训、实训等方面有着较大的资源优势，在精准扶贫中作用突显：

（一）以专业建设服务“三农”，推动产业扶贫

因自然和历史的原因，贫困地区产业结构落后，发展层次低，贫困人口就业渠道单一，脱贫增收难度较大。大力发展产业、拓展新的就业岗位，促进农村劳动力就地就近就业，是带动贫困户摆脱贫困的治本之策。高职院校可以充分发挥自身专业建设优势，聚焦贫困地区产业精准发力，为产业发展培养技术、技能人才，以专业支撑产业扶贫，帮助村镇培育新的业态，促进贫困人口就地就近就业。如高职院校借助物流、旅游、养老、健康等专业特长，推进农业与物流、旅游、文化、健康养老等产业深度融合，加快形成农村第一、第二、第三产业融合发展的现代产业体系。引导当地贫困群众从事种养加工、货物搬运、仓储运输、商贸流通、旅游服务、养老健康等工作，增加农民就业收入。在西部民族区域，帮助当地政府深度挖掘具有民族特色的旅游文化资源，规划和打造能够辐射带动贫困人口就业增收的风景名胜区、特色小镇，依托当地民族特色文化、红色文化、乡土文化和非物质文化遗产，大力发展贫困人口

广泛参与并受益的传统文化展示表演与体验活动等乡村文化旅游，鼓励农民居家就业，实现旅游扶贫。

（二）推动农业科技成果培育及转化，帮助农民脱贫增收

适应农业发展方式转变和现代农业产业结构调整需要，高职院校可以借助科研技术优势和涉农专业建设，主动深入农村开展农技研究和推广服务工作。与乡镇政府、乡镇企业和农村种养大户对接农产品深加工项目，加强对地方特色动植物资源、优良品种的保护和开发利用，开展农业科技攻关，促进农业科技成果转化；为贫困农村提供科技咨询与技术服务，鼓励职业院校农林科研人员与贫困户结成利益共同体，创办、领办、协办企业和农民专业合作社，带动贫困人口脱贫；加强乡村科普工作，为贫困群众提供线上线下、点对点、面对面的培训；加大农林技术培训力度，帮助有劳动能力的贫困户掌握实用技术，帮助农民脱贫增收。

（三）推动文化下乡，扶贫扶志并举

贫困地区地处乡村，交通不畅，教育发展长期滞后。由于自然、历史、文化诸多原因，贫困家庭子女辍学失学还比较严重，“读书无用论”观点在当地具有一定市场，“靠着墙根晒太阳，等着别人送小康”等落后思想依然存在。2017 年 2 月 21 日，习近平总书记在十八届中央政治局第三十九次集体学习时提到，要注重扶贫同扶志、扶智相结合，把贫困群众积极性和主动性充分调动起来，引导贫困群众树立主体意识，发扬自力更生精神，激发改变贫困面貌的干劲和决心，变“要我脱贫”为“我要脱贫”，靠自己的努力改变命运。

高职院校可以通过设立乡村工作站，开展乡村教育和各种形式的志愿者服务活动，服务乡村文化建设，以乡村课堂、网络课堂、主题讲座、咨询服务等形式，在贫困农村广泛开展以社会主义核心价值观、优秀传统文化、公民基本道德规范、法律基础知识、民主政治意识等为主题的文化教育；为贫困乡村捐赠面向“三农”的优秀出版物、文化活动器材，播放优秀影视节目，开展文化下乡活动，践行社会主义主流价值观。通过文化传播，弘扬中华民族劳动光荣、勤俭持家、邻里和睦、孝亲敬老等传统美德，教育和引导贫困群众用自己的双手光荣脱贫、勤劳致富、服务社会、贡献国家。大力宣传推广脱贫攻坚先进典型，讲述好故事，弘扬正能量，奏响主旋律，激发深度贫困地区和贫困人口脱贫致富内生动力。

（四）充分利用信息资源优势，推动网络扶贫

“互联网+”时代，信息数据正在深刻地改变着城乡居民的生产和生活状态。因经济社会发展滞后，农村穷困地区信息网络基础设施薄弱，光纤线路并

未通达大部分农村村镇，网络覆盖面窄，宽带覆盖率低，城乡之间仍然存在着巨大的“数字鸿沟”。按照国家《网络扶贫行动计划》提出的目标，到2020年，宽带网络将覆盖90%以上的贫困村。网络覆盖工程的推进，信息化建设将成为促进贫困地区人口脱贫致富的重要抓手。

高职院校可依托雄厚的师资力量和信息技术优势，充分利用现代信息技术手段，帮助贫困乡村建立互联网信息帮扶平台，向贫困户免费传授技术、提供信息咨询；畅通信息通道，帮助农民运用信息数据引导生产，规避市场风险，降低生产经营成本；打造集农业产供销信息采集、信息处理、信息发布、信息查询等功能于一体的农村综合信息服务平台，提供综合信息化服务；帮助农民搭建电商平台，开辟特色农产品网上销售渠道，鼓励农村贫困居民和专业合作社开办优质农产品网上商店，助力贫困地区农村土特产品出山，推进农产品进城、农业生产资料下乡，打造特色农业产业链，拓宽农民增收渠道。

（五）开展职业技能培训，提升贫困人口就业能力

贫困地区人口就业是最有效最直接的脱贫方式。一个贫困家庭的子女接受职业教育，掌握一技之长，一人就业，可带动全家脱贫，进而有效阻隔贫困代际传递。贫困地区大多地处边远农村，地理位置偏远，经济文化欠发达，特别是近年来，外出务工人员增多，人口流动加快，人才流失较为严重，就业能力弱成为制约贫困人口脱贫增收的重大瓶颈。依托高职院校较为完善的职业教育培训体系和充足的培训资源，结合贫困地区产业发展特点，适应企业岗位技能需求，广泛开展贫困家庭劳动力技能培训和就业服务，确保贫困家庭劳动力至少掌握一门实用技能，提升贫困人口就业能力；通过政府买单的形式，开展农村创业培训和在岗人员职前、职中、职后技能提升培训，为贫困地区经济社会发展输送合格技术技能型人才。

（六）开展职业教育对口帮扶，助力贫困地区教育发展

贫困地区长期处于国家战略发展的边缘地带，教育资源分布不均，职业教育落后，地方职业院校起步较晚，院校布局、人才规格、专业设置不能很好契合农村生产发展实际，人才培养滞后；从业人员后续教育培训机制不够完善，创新型、开拓型高素质、高技能型人才缺口较大，成为贫困地区职业教育发展的桎梏。完善东西部教育扶贫协作机制，实施大城市优质职业院校同贫困地区院校结对帮扶政策，鼓励东部发达地区职业院校通过开展合作办学、设立分校、定向招生、共建实训基地等形式，对口支援贫困地区职业院校建设；帮助贫困地区培训职业教育师资，加大乡村教师队伍建设力度，改善贫困地区职业院校办学条件，提升专业人才培养质量；推动职业院校与本地企业实施校企深

度合作，开展订单培养，促进教学改革；积极支持东部地区高校毕业学生回乡自主创业，鼓励外出务工人员返乡创业，完善服务和相关配套措施，给予创业者自主创业政策和资金扶持，带动当地贫困群众脱贫增收。

第二节　高职院校服务精准扶贫的基本策略

高职院校应依托自身的教育、技术、信息和实训设施等资源，积极响应和贯彻落实国家精准扶贫战略，帮助贫困地区增强造血功能，助力精准扶贫。

一、切实发挥好高职教育在阻断贫困代际传递中的作用

当前，快速发展的高职教育已成为农村孩子接受高等教育的重要途径。《2016 中国高等职业教育质量年度报告》统计数据，2011—2015 年高职院校毕业生中家庭背景为农民与农民工所占比例已达 53%。《2017 中国高等职业教育质量年度报告》统计数据，高职院校毕业生家庭背景为农民和农民工所占比例为 51%，高职教育为广大农村学子提供了接受高等教育的机会。农村孩子接受高职教育，可提高农村子女就业能力，切实增加农村家庭收入，在一定程度上改变着普通农村家庭的命运。部分高职院校实施面向农村贫困地区、孤儿的定向招生专项计划，提高了贫困地区农村学生比例，使得高职教育在促进教育公平，发挥教育脱贫、阻断贫困代际传递方面发挥了显著功效。

以重庆市为例。重庆城市管理职业学院在近年的招生工作中持续推进“孤儿高等教育助学工程”。2017 年有民政部助学帮扶工程学生 143 人，在校生 138 人，4 人由于应征入伍、创业、患病等原因休学，1 人因病保留入学资格。其中在校生中，2015 级受助学生 40 人，2016 级受助学生 47 人，2017 级受助学生 51 人。学校为助学工程同学减免学费、住宿费、书本费等各项费用，并为每人每个月发放生活费、零花钱，解决学生的后顾之忧。针对贫困学生，学校还建立了党员领导干部帮扶制度，对特别困难的学生进行党员领导干部一对一帮扶；建立勤工俭学岗位，为困难学生提供资助；紧密联系西藏、新疆等少数民族地区民政部门，妥善解决该地区少数民族学生的就业问题；开设就业指导咨询热线，对因职业适应和环境变化出现心理障碍的毕业生进行积极干预和引导。

重庆三峡职业学院强化服务库区的责任担当，在每年的单招中把招生指标中相当的一部分专门留给移民子女，让他们就在家门口享受优质的职业教育。

同时，按照重庆市教委、市移民局、市财政局联合下发的《重庆市三峡移民高等职业教育助学金管理办法》要求，给就读市内高职的移民学生每人补助3 000元。

二、重点搞好涉农院校和涉农专业建设

高职院校应通过多种社会服务形式服务于三农，提升农业服务水平，尤其是重点搞好涉农院校和涉农专业建设，为农业生产、经营和管理培养高技能人才，满足“三农”发展需要，帮助乡村脱贫致富。2016年，全国部分高职院校围绕新农业发展需要，增设了休闲农业、绿色农业、生态农业技术、数字林业科技、绿色食品生产检验等专业，全国高职农、林、渔专业点超过900个，在校生15万人。

重庆城市管理职业学院为提升“农村合作金融”专业的社会服务能力，培养高技能、高素质金融人才，促进农村经济发展，学校的财经学院与恒昌三农金融综合服务中心石柱分公司签订了校企合作框架协议、人才订单培养协议。恒昌三农石柱分公司将充分利用各种资源尽最大努力为教师实践和学生的实习与就业提供机会，学校则利用人才、场地等优势为公司员工培训、招聘及产品开发等提供方便，实现学校、企业、学生、社会多赢局面。

重庆三峡职业学院将“生在库区、服务库区”视为民生使命，确定了立足三峡库区，坚持以“服务三峡”“服务三农”“服务现代农业”为办学宗旨，走以现代农业为办学特色的科学发展思路。为适应重庆产业结构调整对人才培养提出的新要求，学校借助重庆市示范性高职院校立项建设契机，按照现代农业产业体系和技术要求，适时主动改造了一些传统农业类专业，将分布于11个专业大类的36个专业聚焦于现代农业，每个专业定位向细、精、准的内涵发展方向推进，重点打造对接生态农业的农产品生产技术、生态产品生产和保护技术、畜禽产品生产技术三大核心专业群；大力发展现代农业装备技术、现代农业信息技术、现代农业经营管理与服务三大主体专业群，培养现代农业技术技能型人才和经营管理人才。通过示范建设和现代农业职业教育的实践探索，学院实现了一个集中和一个转变，即专业布局结构由分散向围绕现代农业集中；课程体系和教学内容由传统农业向现代农业的技术技能转变。逐步形成了与现代农业企业和农业生产过程全程对接的“育人为本、范式相符、经验主导、五线并举”的现代农业人才培养模式。通过校内外实训基地和信息化平台建设，构建九大现代农业运行系统，整合国内外现代农业先进生产、销售和管理技术，汇聚三峡库区现代农业企业，实现教育教学培训、研发、生产、

技能等级鉴定、示范五大功能。

三、有效实施农村科技成果转化

立足地方资源，积极开展优势特色农产品研发，实现农村科技成果的培育和转化，增强农村经济发展后劲。以重庆市为例，重庆市“十三五”规划明确提出，要大力发展现代特色效益农业。优化种植结构，在保障全市基本口粮安全的前提下增加经济作物种植面积。构建优势农产品产业体系，因地制宜发展柑橘、生态渔业、草食牲畜、茶叶、榨菜、中药材、调味品等特色产业。大力发展良种繁育、标准化种养殖基地、加工储藏、冷链物流、后期研发等，构建农业全产业链。大力发展特优新农产品，培育知名品牌。高职院校应依托自身教育和科研资源，积极开展送教下乡、培训下乡、技术下乡，组建农技科研创新团队，深入农村开展农技研究和推广服务工作，促进农业科技成果转化，帮助农民脱贫增收。

重庆三峡职业学院主动适应三峡库区农业发展要求，在政府部门的主导下与行业、企业紧密合作，将服务三农从分散转变到集约集中、从服务农户转移到服务龙头企业、行业协会，将产业技术服务从跟随保养型转移到开发、引领产业发展型，形成了独具特色的“四方联动、集约引领”三农服务模式。学校与巫溪县对接了“大宁河鸡”等多个农业生产及深加工项目，成立了“畜牧兽医研究所”和“食用菌研究所”，开展了生物饲料生产、生物高效有机肥生产、秸秆制品及气化技术等农业科技攻关项目。学院师生深入库区提供科技咨询与技术服务，助力打造现代生态农业和特色农业。学院承担的三峡移民后期扶持基金项目《优质林果蔬菜种苗脱毒快繁基地建设》发展了优质脱毒林果蔬菜 5 000 余亩（1 亩≈666.67 平方米），移民间接受益近 6 000 余万元；猕猴桃溃疡病防治技术服务挽回直接经济效益近 1 000 万元。

四、以教育、技术、信息等资源助力精准扶贫、精准脱贫

高职院校应充分发挥职业教育在脱贫攻坚中的重要作用，围绕贫困地区产业发展和基本公共服务需求，提高职业教育扶贫的精准度。依托自身在教学、培训、科研、信息等方面的优势，充分利用“互联网+”时代现代信息技术手段，帮助农民构建农村电子商务平台，推进农产品进城、农业生产资料下乡，打造特色农业产业链；畅通中高职衔接渠道，对贫困、边远地区农村职教开展对口帮扶，以资金扶贫、教育扶贫、技术扶贫、信息扶贫等形式，帮助贫困地区农民实现精准脱贫。

2016 年 5 月，重庆城市管理职业学院利用自身的办学特色，努力践行社会工作助力精准扶贫、精准脱贫，承担了重庆市扶贫社会工作服务项目，进驻秀山县云隘村开展扶贫社会工作服务，践行助人自助，助力精准脱贫。社工队以贫困家庭为中心，以“三留守”为重点服务对象，以“社区教育”为手段，以村支两委为支撑，以扶志、扶智融合为关键，努力实现脱真贫、真脱贫，取得较为显著的工作成效。其中，社工队以特色产业为关键，实现村民长效脱贫。产业扶贫是促进居民持续增收的保障，是防止返贫的重要措施。社工联合地方政府，基于专业调研评估和居民认可的基础，结合专业方法，发展本土特色产业。一是开展产业调研，做好产业评估；二是合理选择种植作物，做好产业规划；三是宣传产业政策，提高参与热情；四是开展“产业扶贫小组”，分享产业种植经验，激发自主脱贫热情；五是发挥市场作用，合理配置资源。2016 年，云隘村开展雪莲果种植，前后 214 户共种植 300 余亩，亩产量 5 000 余斤，按照市场价增加产值近百万元，帮助村民长效脱贫，真正实现了从“输血”到“造血”的转变。

学校还积极开展对口支援与交流活动，发挥学校在区域职业教育的辐射带动作用。重点依托国家骨干院校、市级示范院校重点建设专业，传播育人理念与办学经验，帮助对口支援院校提高办学水平和人才培养质量。对口支援重庆机电职业技术学院、重庆护士学校、重庆工贸职业技术学院、重庆三峡联合大学物业管理学院等 9 所职业院校，举办重庆市三峡库区及市内移民安置区中市级骨干专业教师培训（数字媒体技术应用）、重庆市中等职业学校市级教师培训（服装设计与工艺专业）、重庆市中等职业学校骨干教师培训（财经类专业）、重庆市高职高专物流管理专业教师双师型能力提升培训等重庆市师资培训活动。

据《2018 中国高等职业教育质量年度报告》，广西经贸职业技术学院依托电子商务专业，搭建电商平台，带动贫困地区产业发展。学校积极探索农旅特色电子商务人才培养体系，帮助学生开设网店 327 家，策划农旅电商线路 76 条，举办“农旅土货体验秀”60 余期，帮助企业及农户销售广西特产 50 余万斤，走出了一条“职业教育服务区域经济”的新路子，中央电视台等媒体专门报道。

五、为农业现代化培养新型职业农民

2018 年 1 月，《中共中央 国务院关于实施乡村振兴战略的意见》明确提出，大力培育新型职业农民。全面建立职业农民制度，完善配套政策体系。实

施新型职业农民培育工程。支持新型职业农民通过弹性学制参加中高等农业职业教育。培养懂技术、会经营、能致富的新型职业农民。高职教育应以培育“新型职业农民”为己任，提升农民的农业产业化生产与经营能力，使他们成为农村发展带头人，带动乡村贫困人口脱贫致富。

重庆三峡职业学院与万州区农委、万州区农业职业经理人促进会、万州40余家区级以上农业龙头企业和示范专业合作社联合发起并实施了全国首个“农业职业经理人”培训，成为仅有的培训基地，并在农业部门、人社部门的组织领导下，牵头制定全国“农业职业经理人职业标准”。“农业职业经理人”作为一个新兴职业纳入全国《职业分类大典》2015年版。学校还与重庆市农委、重庆市农机协会合作发起并实施了“重庆市农机高端应用人才培养星火计划”，以解决重庆市农机人才断层、数量不足、技术更新不快、能力不强、不适应重庆现代农业发展需要的问题，并成为全市首个培训基地。

六、抓好就业创业教育，引导毕业生生源地就业

就业是民生之本。农村高职毕业生的就业关系到千万个农村家庭的利益，是农村贫困家庭脱贫的重要途径，并成为社会稳定的基础。近年来，我国高职院校毕业生就业率稳中有升。据《2018中国高等职业教育质量年度报告》统计数据，全国近1/4的高职院校分布在六盘山等教育扶贫工作区域，2017年共培养60万毕业生，本地就业规模超过30万人。高职院校地处贫困地区的布局特征，能够实现对当地产业发展和人力资源开发的“贴身帮扶”，成为解决区域性整体贫困重要的基础性条件；高职教育融合专科学历教育和就业技能培训的模式，不仅能让广大学生有机会接受高等教育并掌握就业发展技能，而且成为就业扶贫与扶志、扶智相结合的典范，激发贫困人口内生动力，成为高职教育扶贫新特点。

为持续推进高职大学生就业创业工作，高职院校应进一步抓好高职大学生的就业创业教育，帮助高职大学生转变就业观念。一是帮助大学生树立正确的择业观，鼓励学生当地就业，勇于到基层一线和艰苦地方去实现自我人生价值。二是激励高职大学生自主创业。积极引导高职大学生返乡创业，带动农村经济发展；引导学生密切关注经济社会发展趋势，了解国家鼓励大学生自主创业的相关政策；开展好创业指导辅导工作，树立“能力本位”意识，努力提高自主创业的能力。三是加大对高职院校毕业生自主创业支持力度。据《2016中国高等职业教育质量年度报告》数据，毕业半年后自主创业的2015届高职毕业生中，仅有3%的创业资金来自政府科研、创业基金或优惠贷款。据

《2017中国高等职业教育质量年度报告》数据，2016届高职毕业生毕业半年后自主创业比例与2015届持平，为3.95%，与2012届相比提升了1个百分点。2016年，毕业生最大的创业风险仍然为“缺少资金”与“缺乏企业管理经验”，学生创业教育与保障仍有提升空间。应从政府层面注重顶层设计，加大对高职毕业生自主创业资金的财政支持力度，对就业困难学生进行帮扶，提高大学生创业成功率，为社会创造更多就业岗位。

七、大力开展东西部职业教育协作扶贫

据《2018中国高等职业教育质量年度报告》，2017年，全国高职院校服务脱贫呈现“跨省互助+省内互助”的全新态势。高职院校积极落实中央确定的东西部扶贫协作要求，东部省份组团援助中西部地区，帮助覆盖面进一步扩大，“支援中西部地区招生协作计划”覆盖的中西部省份达10个，招收中西部学生12万人。在中西部地区省级政府统筹下，高职院校组团开展跨省援助和省域内帮扶，通过院校联办专业、高职帮扶中职、中职延伸服务，开启了中西部地区“跨省互助+省内互助”的新模式。

如湖南省教育厅组织高职院校开展组团式帮扶，在跨省互助方面，组织10所优质高职院校帮扶吐鲁番职业技术学院10个专业；在省内互助方面，组织45所公办高职院校对口帮扶贫困地区42所中职学校，组织17个专业量身定做85门扶贫课程，全省高职院校年开展扶贫项目1 226项。山东省教育厅先后与重庆、新疆、青海、西藏（市、自治区）签订职业教育东西协作行动计划协议书，明确对口支援任务。全省安排13所国家示范性、骨干高职院校单独录取建档立卡贫困家庭学生，安排14所院校深入重庆市酉阳县和秀山县实地调研，形成了协作项目清单。湖北省教育厅组织34所高职院校与34所贫困县中等职业学校开展对口扶贫工程，提升当地职业教育管理水平、专业建设水平、教师队伍整体水平和信息化应用水平。

第十章　高职教育服务“一带一路”

当今世界正发生复杂深刻的变化，国际金融危机深层次影响继续显现，世界经济缓慢复苏、发展分化，国际投资贸易格局和多边投资贸易规则酝酿深刻调整，各国面临的发展问题依然严峻。共建“一带一路”顺应世界多极化、经济全球化、文化多样化、社会信息化的潮流，秉持开放的区域合作精神，致力于维护全球自由贸易体系和开放型世界经济。

第一节　“一带一路”倡议为高职教育发展提供了新的契机

“一带一路”倡议是一个世纪性的系统大工程，不仅标志着我国国家发展战略和外交战略的新开端，也为我国教育的改革与发展提供了新的机遇。推进共建“一带一路”，为推动区域教育大开放、大交流、大融合提供了大契机。“一带一路”沿线国家教育加强合作、共同行动，既是共建“一带一路”的重要组成部分，又为共建“一带一路”提供人才支撑。与经济社会发展高度关联的高职教育，应积极契合国家战略，以积极的姿态更好地融入并服务于“一带一路”。

一、“一带一路”倡议的提出

深入推进“一带一路”建设是习近平主席深刻思考和把握中国和世界发展大势所提出的宏伟构想和中国方案，是习近平主席构建人类命运共同体思想的具体体现。2012 年，党的十八大明确提出，要倡导人类命运共同体意识，在追求本国利益时兼顾他国合理关切，在谋求本国发展中促进各国共同发展，建立更加平等均衡的新型全球发展伙伴关系，同舟共济，权责共担，增进人类共同利益。习近平主席出席博鳌亚洲论坛 2015 年年会时提出了“通过迈向亚洲命运共同体，推动建设人类命运共同体”的倡议。2015 年 9 月，习近平在纽约联合国总部发表重要讲话时指出，当今世界，各国相互依存、休戚与共。我们要继承和弘扬联合国宪章的宗旨和原则，构建以合作共赢为核心的新型国际关系，打造人类命运共同体。

“一带一路”是“丝绸之路经济带”和“21 世纪海上丝绸之路”的简称。公元前 140 年，张骞出使西域，开辟了连接亚洲、非洲和欧洲的陆上商贸路线；而形成于秦汉时期的海上古丝绸之路，则开拓了古代中国与西方经济文化交流的海上通道。勤劳智慧的中国人民开辟了陆海两条古丝绸之路，构筑了东西方经济、政治、文化交流的大通道。千百年来，古丝绸之路绵亘万里，谱写出各国人民共同发展、合作共赢的友好篇章。

今天，经济全球化趋势快速推进，世界经济联系愈加紧密，中国经济和世界经济高度关联。党中央、国务院基于全球形势的深刻变化，因时而进，做出了构建“一带一路”经济带和海上丝绸之路的重大战略构想。2013 年 9 月，习近平主席出访哈萨克斯坦，在纳扎尔巴耶夫大学发表了题为《弘扬人民友谊共创美好未来》的重要演讲，提出了共同建设“丝绸之路经济带”的重大倡议。同年 10 月，习近平主席出访印度尼西亚，在印尼国会发表了题为《携手建设中国—东盟命运共同体》的重要演讲，提出了共同建设 21 世纪“海上丝绸之路”的重大倡议，这一战略构想得到了国际社会的广泛关注和沿线国家的积极响应。2013 年，国务院总理李克强在参加中国—东盟博览会时强调，铺就面向东盟的海上丝绸之路，打造带动腹地发展的战略支点。加快“一带一路”的建设，有利于促进沿线各国经济繁荣与区域经济合作，加强不同文明交流互鉴，促进世界和平发展，这是一项造福世界各国人民的伟大事业。2015 年 3 月，国家发改委、外交部、商务部联合发布了《推动共建丝绸之路经济带和 21 世纪海上丝绸之路的愿景与行动》，为我们清晰描绘出“一带一路”倡议构想的路线图。2017 年 5 月，首届“一带一路”国际合作高峰论坛在北京成功举行。“一带一路”吸引了全世界的目光，为实现国家和地区之间互利互惠、合作共赢提供了新的路径选择，也为推动构建人类命运共同体，积极探索全球治理新模式贡献了中国智慧 。

“一带一路”伟大战略构想，秉承了“和平合作、开放包容、互学互鉴、互利共赢”的丝路精神，融古通今，跨越时空，赋予了古老丝绸之路以新的时代内涵。共建“一带一路”旨在促进经济要素有序自由流动、资源高效配置和市场深度融合，推动沿线各国实现经济政策协调，开展更大范围、更高水平、更深层次的区域合作，共同打造开放、包容、均衡、普惠的区域经济合作架构。共建“一带一路”符合国际社会的根本利益，彰显了人类社会共同理想和美好追求，是国际合作以及全球治理新模式的积极探索，将为世界和平发展增添新的正能量。截止到 2017 年 5 月，“一带一路”倡议提出以来，已有 100 多个国家和国际组织参与，40 多个国家和国际组织与中国签署合作协议。合作范围，覆盖人口约 44 亿，约占全球 63%，生产总值约 23 万亿美元，约占全球 29%。“一带一路”正在以新的形式促进着亚、欧、非各国的互利合作迈向新的历史高度。

二、“一带一路”倡议的内涵

（一）“一带一路”共建原则

1. 恪守联合国宪章的宗旨和原则

遵守和平共处五项原则，即尊重各国主权和领土完整、互不侵犯、互不干涉内政、和平共处、平等互利。

2. 坚持开放合作

“一带一路”相关的国家基于但不限于古代丝绸之路的范围，各国和国际、地区组织均可参与，让共建成果惠及更广泛的区域。

3. 坚持和谐包容

倡导文明宽容，尊重各国发展道路和模式的选择，加强不同文明之间的对话，求同存异、兼容并蓄、和平共处、共生共荣。

4. 坚持市场运作

遵循市场规律和国际通行规则，充分发挥市场在资源配置中的决定性作用和各类企业的主体作用，同时发挥好政府的作用。

5. 坚持互利共赢

兼顾各方利益和关切，寻求利益契合点和合作最大公约数，体现各方智慧和创意，各施所长，各尽所能，把各方优势和潜力充分发挥出来。

（二）“一带一路”框架思路

“一带一路”贯穿亚欧非大陆，一头是活跃的东亚经济圈，一头是发达的欧洲经济圈，中间广大腹地国家经济发展潜力巨大。丝绸之路经济带重点畅通中国经中亚至欧洲（波罗的海）；中国经中亚、西亚至波斯湾、地中海；中国至东南亚、南亚、印度洋。21 世纪海上丝绸之路重点方向是从中国沿海港口过南海到印度洋，延伸至欧洲；从中国沿海港口过南海到南太平洋。

根据“一带一路”走向，陆上依托国际大通道，以沿线中心城市为支撑，以重点经贸产业园区为合作平台，共同打造新亚欧大陆桥、中蒙俄、中国—中亚—西亚、中国—中南半岛等国际经济合作走廊；海上以重点港口为节点，共同建设通畅安全高效的运输大通道。中巴、孟中印缅两个经济走廊与推进“一带一路”建设关联紧密，要进一步推动合作，取得更大进展。

（三）“一带一路”合作重点

沿线各国资源禀赋各异，经济互补性较强，彼此合作潜力和空间很大，“一带一路”以政策沟通、设施联通、贸易畅通、资金融通、民心相通为合作的主要内容。一是政策沟通。加强政策沟通是“一带一路”建设的重要保障。加强政府间合作，积极构建多层次政府间宏观政策沟通交流机制，深化利益融合，促进政治互信，达成合作新共识。二是设施联通。基础设施互联互通是“一带一路”建设的优先领域。在尊重相关国家主权和安全关切的基础上，沿线国家宜加强基础设施建设规划、技术标准体系的对接，共同推进国际骨干通道建设，逐步形成连接亚洲各次区域以及亚欧非之间的基础设施网络。三是贸易畅通。投资贸易合作是“一带一路”建设的重点内容。宜着力研究解决投资贸易便利化问题，消除投资和贸易壁垒，构建区域内和各国良好的营商环境，积极同沿线国家和地区共同商建自由贸易区，激发并释放合作潜力，做大做好合作“蛋糕”。四是资金融通。资金融通是“一带一路”建设的重要支撑。深化金融合作，推进亚洲货币稳定体系、投融资体系和信用体系建设。扩大沿线国家双边本币互换、结算的范围和规模。推动亚洲债券市场的开放和发展。共同推进亚洲基础设施投资银行、金砖国家开发银行筹建，有关各方就建立上海合作组织融资机构开展磋商。加快丝路基金组建运营。五是民心相通。民心相通是“一带一路”建设的社会根基。传承和弘扬丝绸之路友好合作精神，广泛开展文化交流、学术往来、人才交流合作、媒体合作、青年和妇女交往、志愿者服务等，为深化双多边合作奠定坚实的民意基础。

三、“一带一路”倡议给高职教育发展带来的新机遇

党的十八大以来，在以习近平同志为核心的党中央正确领导下，在各级政府、教育系统和社会各界共同努力下，我国教育取得了举世瞩目的成就，中国已经成为世界最大的留学输出国，世界第三、亚洲最大的留学目的地国，以教育为主要内容的人文交流已成为中国特色大国外交的重要支柱。目前，180 多个国家和地区与我们建立教育合作关系，有 47 个国家和地区与我们签订学历学位互认协议，在 140 多个国家建立了 516 所孔子学院，1 000 多个孔子课堂。2016 年，来自 205 个国家和地区的 40 多万人次来华留学。我国同不同国家（地区）及国际组织之间的教育合作交流关系不断巩固，实施共建“一带一

路”教育行动，我国教育国际影响力和竞争力日益增强。在“一带一路”的实施推进中，高职教育必然赢得更多的发展契机：

一是有利于进一步拓宽高职院校国际合作新领域。高职教育与经济依存度较高，成为“一带一路”倡议中经济建设的重要支撑。随着我国与沿线国家经贸合作关系的加强，经贸合作领域的持续扩大，基础设施的建设，国际经济合作走廊和海上丝绸之路的打造，国际产能合作和境外产业布局规模的扩大，域内外生产要素的优化配置，引领高职教育呼应“一带一路”，积极拓展与沿线国家及地区的职业教育交流合作，开展多种形式的境外合作办学，合作设立职业院校、培训中心，整合资源，积极推进与沿线各国在青年就业培训等共同关心领域的务实合作。通过合作开发教学资源和项目，开展多层次职业教育和培训，培养当地急需的各类“一带一路”建设者，提升职业院校国际化水平。通过加强与企业的合作，鼓励中国优质职业教育探索配合高铁、电信运营等行业企业走出去，推进“一带一路”沿线国家产教协同，将产教融合、校企合作上升到新的高度。

二是有利于积极探索高职教育海外办学新模式。教育为国家富强、民族繁荣、人民幸福之本。人才培养为沿线各国政策沟通、设施联通、贸易畅通、资金融通提供支撑，在共建“一带一路”中具有基础性和先导性作用。“一带一路”沿线国家整体教育发展水平不低，教育已经进入大众化阶段的占43.5%、普及化阶段的为40.6%、精英化阶段的有15.9%。通过高职教育的国际化交流与合作，在政府、企业与学校多方投入的同时，积极推进多元合作、多种类型的办学模式，如成立职教联盟，设立合作办学机构，招收来华留学生，开展境外员工培训，促进沿线国家优质教育资源共建共享，充分发挥高职教育在“一带一路”建设中对技术技能型人才的支撑作用。尤其是地处“一带一路”节点城市或沿江沿边城市的高职院校，可以充分发挥所处的地理位置优势，探索与相邻国家地区的合作办学路径。通过合作办学，为共建“一带一路”培养大批急需人才，支持沿线各国实现政策互通、设施联通、贸易畅通、资金融通。

三是有利于推广我国高职教育理念、教学标准和教学服务，提升我国高职教育的国际影响力。专科层次高职教育是中国教育改革发展的首创，是顺应中国经济社会持续发展与信息技术高速发展，创新高等教育和职业教育相融合的教育模式，为世界舞台贡献了中国教育智慧和教育方案。高职教育专科学历和技术技能人才培养目标，对提高高等教育普及水平和毕业生顺利就业并重具有借鉴意义；产教融合的专业教学模式和服务发展促进就业的办学方向，对提高学生发展能力和服务地方经济社会并重具有推广意义。中国特色高职教育模式越来越受到发展中国家欢迎，有助于把中国打造成为深受沿线各国学子欢迎的留学目的地国。2017年6月，在宁波市召开的“一带一路”产教协同国际论坛上，一些沿线国家代表纷纷表达了学习和借鉴中国高职教育经验的愿望。如非洲国家尼日利亚的职业教育只占高等教育的1%，大部分技能传授是通过师傅带徒弟的方式，他们希望能借鉴中国的职业教育经验。在卢旺达高等教育中，40%是职业教育，他们希望更多的中国企业去投资，有更多中国的职教到卢旺达发展，让他们的职业教育课程、认证体系做得更好。格鲁吉亚非常重视职业教育，但是师资比较匮乏，格鲁吉亚经济发展部门的代表羡慕中国有很多国家级、省级的职业技能大赛，他们呼吁中国职业教育帮助他们搞技能大赛，进而创造产业品牌。还有沿线国家的教育部官员，希望中国公司雇用当地的员工，并对这些员工进行职业技能培训。

四是有利于推动跨文化交流，增进民心相通、国家互信。通过加强与沿线国家和地区的经贸往来，推进“一带一路”国家间签证便利化，扩大了教育领域合作交流，形成往来频繁、合作众多、交流活跃、关系密切的携手发展局面，教育交流为沿线各国民心相通架设了桥梁。鼓励有合作基础、相同研究课题和发展目标的学校缔结姊妹关系，逐步深化拓展教育合作交流，推进“一带一路”优质教育资源共享；举办沿线国家校长论坛，推进学校间开展多层次多领域的务实合作；打造“一带一路”学术交流平台，吸引各国专家学者、青年学生开展研究和学术交流；促进沿线国家语言互通，共同开发语言互通开放课程，拓展政府间语言学习交换项目，联合培养、相互培养高层次语言人才；支持社会力量助力孔子学院和孔子课堂建设，加强汉语教师和汉语教学志愿者队伍建设，全力满足沿线国家汉语学习需求；开展“丝绸之路”教师培训，加强先进教育经验交流，提升区域教育质量，促进沿线各国教育资源和教学水平均衡发展。

第二节　高职院校服务“一带一路”的路径分析

随着“一带一路”倡议的持续推进，高职院校应顺应时代发展，把握“一带一路”带来的发展契机，坚持立足办学特色，发挥专业优势，多方面拓展国际合作与交流渠道，拓宽国际化办学空间，更好地服务和融入国家战略，努力提升学校国际化办学水平和国际竞争力。

一、积极开展境外合作办学和培训，提升高职教育国际影响力

“一带一路”倡议下，更多的国内产业和企业会走出国门，选点布局、开疆拓土，以服务地方经济社会发展为职责的高职院校应主动服务中国企业“走出去”，大力支持行业企业发展，为周边国家培养和培训本土化技术技能型人才，同时加强自身技术和技能积累，扩大国际影响。近年来，高职院校中外合作办学项目持续增加，境外办学呈现多样化发展趋势。较多的高职院校瞄准外向型企业，探索鲁班工作坊、海外分校、与企业合作建立培训中心等多样化办学形式。截至 2016 年，400 余所高职院校与国外办学机构开展合作办学和项目 923 个，占高等教育总数的 42.5%；2017 年，我国与 28 个国家和地区举办高职高专层次的合作办学机构和项目达 960 个，占高等教育总数的 41.8%。境外办学成为高职教育“走出去、树品牌”的重要路径，对中国职业教育走向世界意义深远。

伴随中国企业“走出去”战略的实施，高等职业院校探索与国内大中型企业合作，走出国门办学，服务境外企业。在国外，中国企业聚集区域设立分校或合作办学机构，培养当地人才，开展员工培训，为中国企业在境外的建设与发展提供了技术和技能人才支撑。2016 年，“一带一路”倡议被写入联合国决议，成为促进全球合作与发展的“中国方案”。我国全年对外承包工程业务完成营业额的 48%来自“一带一路”沿线国家。高职院校加强与企业合作，把握发展机遇，校企携手服务“一带一路”。如新疆农业职业技术学院与新疆新实良种股份有限公司合作共建中亚现代农业示范中心，面向吉尔吉斯斯坦等中亚国家开展农作物优良品种的繁育与技术推广，建立新品种、良种繁育示范基地 1 000 亩，推广面积达到 14 000 亩；柳州城市职业学院与上汽通用五菱汽车股份有限公司和印度尼西亚中等职业学校合作，成立“中国印尼汽车学院”和“印尼中国汽车学校”，招收印尼学生到柳州学习，为印尼企业生产基地培养一线技术型工人；江苏海事职业技术学院与韦立国际集团合作在几内亚创办“分校”——江苏海事职业技术学院韦立船员学院，首批学员 30 人已于 2016 年顺利结业，成为几内亚船舶运输领域的业务骨干。

据近年来的中国高等职业教育质量报告，按照“请进来、走出去”并举、与世界共建共享的基本要求，依照高职院校全日制国（境）外留学生人数、非全日制国（境）外人员培训量、在校生服务“走出去”企业国（境）外实习时间、专任老师服务“走出去”企业国（境）外指导时间、在国（境）外组织担任职务的专任教师人数、开发国（境）外认可的行业或专业教学标准

数、国（境）外技能大赛获奖数量等七项指标，综合排序，评选出高等职业院校国际影响力50强院校。

据《2017中国高等职业教育年度报告》，2016年，在高等职业院校国际影响力50强院校中，有16所中西部院校，这显示出中西部职业院校在办学基础条件和经济发展水平相对落后的情况下，推进国际合作和开放办学取得成效；有国家示范（骨干）院校25所、省级示范院校17所，合计占50强榜单的84%，体现了财政专项支持对高职院校办学实力提升发挥了重要的引导带动作用；有6所行业企业所办院校入选，占50强榜单的12%，高于其在全国高职院校的比例（6.75%），说明伴随中国企业“走出去”战略实施，具有行业企业背景的高职院校在拓展国际化办学路径方面具有一定优势。据《2018中国高等职业教育年度报告》，2017年，国际影响力50强整体水平有提升，并呈现出发达地区引领、欠发达地区突破、沿边地区凸显地缘优势的格局。中国高职教育正在逐步走向世界舞台。50强院校体现了高职教育服务国家战略的意识和行动，也引导高职院校更多关注国际交流与合作。

二、服务“一带一路”，大力拓展来华留学教育

随着我国综合国力和国际地位的提升，以及“一带一路”对外开放新格局的构建，高职院校逐渐成为来华留学生的目的地之一。2016年，全国共有172所高等职业院校接受全日制国（境）外留学生，留学生总数超过7 000人，其中在校留学生50人以上的高职院校有36所、100人以上的有21所。

随着中国桥、中国路、中国港、中国车等先进技术逐步走向世界台，我国高职院校开放办学持续深化，高职院校的专业优势和技术优势成为吸引留学生的亮点。一批高职院校利用自身品牌效益，积极发挥专业与技术优势，吸引境外学生来华学习，呈现以专业技术技能学习为主，汉语学习为辅的格局。高职院校留学生规模继续增长，进一步扩大了我国高职教育的国际影响力。据《2018中国高等职业教育质量年度报告》数据，2017年全国高职院校招收全日制国（境）外留学生11 500余人，比2016年增长了65.2%。

高职院校积极响应“一带一路”倡议，面向“一带一路”沿线国家设置专项奖学金、加强宣传推介、出台配套政策，不断加大留学生招收力度。高职院校面向“一带一路”沿线国家留学生的吸引力不断增强。江苏高职院校招收的留学生中，90%以上来自“一带一路”沿线国家。尤其是中西部地区主动发挥政策、地缘等独特优势，面向“一带一路”沿线国家，积极招收留学生。2017年，有9个省份招收留学生总数超过100人。海南省作为国家海洋战略和

"一带一路"倡议交汇点和桥头堡，积极开展境外大学人才共育项目，2017年其高职院校留学生达到455人，比2016年增加71.7%。

三、加强对外教育教学合作，增进师生跨文化交流

为更好地服务"一带一路"，高职院校积极对接政府、行业和企业需求，不断扩大国（境）外人员培训规模。据《2018中国高等职业教育年度报告》，2017年，全国高职院校非全日制国（境）外人员培训量超过85万人，是2016年的2.2倍，有效提升了专业综合实力、教师教学水平和学校国际影响力。2016年，162所院校专任教师服务"走出去"企业国（境）外指导时间超过10日，187所院校在校生服务"走出去"企业国（境）外实习时间超过10日；2017年，专任教师服务"走出去"企业国（境）外指导时间超过10日的高职院校达到353所，在校生服务走出去企业国（境）外实习时间超过10日的有284所，分别比2016年增加91所和97所。

通过境外办学、境外培训，高职院校充分利用境外优质师资和教学资源，营造国际化学习氛围，通过师生互派、交换生、暑期工作旅游、海外实习、文体体验、境外拓展，协同开展技术技能人才培养等，不断提高师生跨文化交流能力，拓展了师生的国际视野。

为推进民心相通，开展更大范围、更高水平、更深层次的人文交流，高职院校主动推进沿线各国人民相知相亲，通过与境外机构合作举办文物、美术和音乐展演等文化活动，努力打造高品质的品牌项目，增进与"一带一路"沿线各国的人文交流。湖南大众传媒职业技术学院积极参与区域人文交流机制建设，依托国际汉语言传播基地，协办了9届汉语"奥林匹克"——"汉语桥"世界大学生中文比赛，承担选手培训、赛事组织等工作，共吸引110多个国家的上百万名青少年参赛。

加快开发境外认可的行业或专业教学标准，则是高等教育在国际合作中发挥更大贡献的关键。高职院校积极鼓励教师在国（境）外组织担任职务，参与有关国际标准和规则制定，开发具有国际水平的课程资源，为世界职业教育贡献中国智慧。据《2018中国高等职业教育年度报告》数据，2017年，专任教师在国（境）外组织担任职务人数为876人，分布在177所高职院校。开发国（境）外认可的专业教学标准和课程标准1 806个，主持或参与院校156所。浙江旅游职业学院应世界中餐业联合会要求制定了《海外中餐行业标准》，规范海外中餐业管理，界定营运资质，提升标准化、规范化水平。

四、推进教育教学改革，积极储备国际化人才

人才是“一带一路”可持续发展的坚实保障。政府和相关教育机构应通过规划、引进和培育，增强国际化人才储备。一是政府部门应及时制定“一带一路”人才发展规划，依据区域产业群发展目标，结合人才现状，突出人才开发的重点和具体措施；增强引进海内外高端国际化人才的政策支持力度，注重人才招聘引进的制度性建设，为人才流动打造宽松的政策环境。二是企业应做好引进国际化人才的服务工作，不断创新机制，激励人才更好地服务区域经济，服务“一带一路”。三是高度重视教育在人才培养中的基础性、决定性作用，加强政府、行业、企业和高校的紧密协作，促进产教融合和校企合作，优化人才培养方案，创新国际化人才培养模式，持续推动专业设置、课程体系、教学方法和师资力量等方面的教育教学改革。四是充分利用国际教育优质资源，加强高等院校、研发机构、行业协会等方面的国际交流，以学生互派、教师互访等形式，实施与境外高水平院校合作办学，培养服务国家战略的具有国际视野的开放型、复合型人才。五是开设“一带一路”相关语言专业，推进双语教学。国家推进“一带一路”倡议以来，各国之间经济往来愈加频繁。“一带一路”沿线国家使用的语言多种多样，我国将急需大量通晓沿线国家语言，并熟知当地政治、经济、文化、宗教等国情的专门人才。小语种人才培养刻不容缓，精通双语的人才越来越吃香。高职院校应着力培养外语小语种与相关专业相结合的复合型人才，打破外语小语种服务瓶颈，推动境内企业进入沿线国家和地区进行贸易合作，促进沿线国家“民心相通”。

第十一章　高职教育政策法规节选（2011—2018年）

第一节　国务院相关政策法规

一、国家教育事业发展“十三五”规划

2017年1月19日，国务院发布了《国家教育事业发展“十三五”规划》（以下简称《规划》），明确定了“十三五”时期教育改革发展的指导思想、主要目标、战略任务和保障措施，是近期我国教育改革发展的行动纲领和指导性文件。《规划》中有关高职教育的集中论述内容如下：

完善职业学校布局结构。强化地市级人民政府对中等职业教育的统筹规划，根据城镇化和产业布局调整完善职业学校布局，根据产业发展对技术技能人才的需求优化职业教育体系结构。鼓励产业经济发达地区做好县域内中等职业学校布局规划。新增高等职业学校主要向中小城市、产业集聚区布局。在人口集中和产业发展需要的贫困地区建好一批中等职业学校，重点支持贫困地区建设好符合当地经济社会发展需要的中等职业学校。根据各主体功能区的定位，推动区域内职业学校科学定位，使每一所职业学校集中力量办好当地经济社会发展需要的特色优势专业（集群）。着力建设一批服务现代产业发展和扶贫开发等重点工作领域的高水平职业学校，形成国家重点行业都有骨干职业学校支撑的技术技能人才培养格局，服务产业结构调整优化。

提升职业学校基础能力。分类制定职业学校办学标准，实施现代职业教育质量提升计划等项目，提升职业学校办学条件特别是实习实训条件和“双师型”教师队伍建设水平。鼓励社会力量参与举办职业教育。按照鼓励竞争、扶优扶强的原则，通过与行业企业合作，集中力量建设一批高水平职业学校。

支持东中西部地区职业学校加强对口合作，通过联合办学、委托管理、集团化办学等形式，提升专业建设、课程开发、学校管理水平。

强化大国工匠后备人才培养。着力提升职业学校人才培养质量，加强职业精神培育，推进产业文化、优秀企业文化、职业文化进校园进课堂，促进职业技能和职业精神高度融合，着力培养崇尚劳动、敬业守信、精益求精、敢于创新的工匠精神。推动职业学校与行业企业共建技术工艺和产品研发中心、实验实训平台、技能大师工作室等，完善职业学校学生技能竞赛制度，统筹职业学校教学体系和竞赛体系，建立健全大国工匠优秀后备人才早期发现、选拔和培养制度。打通职业教育人才培养通道，让职业学校学生的技术技能可以通过不断深造得到发展。

二、国家中长期教育改革和发展规划纲要（2010—2020 年）

2010 年 7 月 29 日，《国家中长期教育改革和发展规划纲要（2010—2020 年）》（以下简称《规划纲要》）正式发布，这是中国进入 21 世纪之后的第一个教育规划，也是今后一个时期指导全国教育改革和发展的纲领性文件。《规划纲要》明确提出，构建现代职业教育体系是未来 10 年我国职业教育改革发展的根本性目标和核心任务，应切实发挥高职教育在现代职业教育体系建设中的引领作用。《规划纲要》分四个部分、二十章，共七十条。其中有关高职教育的论述集中起来有以下内容：

（一）大力发展职业教育

发展职业教育是推动经济发展、促进就业、改善民生、解决“三农”问题的重要途径，是缓解劳动力供求结构矛盾的关键环节，必须摆在更加突出的位置。职业教育要面向人人、面向社会，着力培养学生的职业道德、职业技能和就业创业能力。到 2020 年，形成适应经济发展方式转变和产业结构调整要求、体现终身教育理念、中等和高等职业教育协调发展的现代职业教育体系，满足人民群众接受职业教育的需求，满足经济社会对高素质劳动者和技能型人才的需要。

政府切实履行发展职业教育的职责。把职业教育纳入经济社会发展和产业发展规划，促使职业教育规模、专业设置与经济社会发展需求相适应。统筹中等职业教育与高等职业教育发展。健全多渠道投入机制，加大职业教育投入。

把提高质量作为重点。以服务为宗旨，以就业为导向，推进教育教学改革。实行工学结合、校企合作、顶岗实习的人才培养模式。坚持学校教育与职业培训并举，全日制与非全日制并重。制定职业学校基本办学标准。加强

“双师型”教师队伍和实训基地建设，提升职业教育基础能力。建立健全技能型人才到职业学校从教的制度。完善符合职业教育特点的教师资格标准和专业技术职务（职称）评聘办法。建立健全职业教育质量保障体系，吸收企业参加教育质量评估。开展职业技能竞赛。

（二）调动行业企业的积极性

建立健全政府主导、行业指导、企业参与的办学机制，制定促进校企合作办学法规，推进校企合作制度化。鼓励行业组织、企业举办职业学校，鼓励委托职业学校进行职工培训。制定优惠政策，鼓励企业接收学生实习实训和教师实践，鼓励企业加大对职业教育的投入。

（三）加快发展面向农村的职业教育

把加强职业教育作为服务社会主义新农村建设的重要内容。加强基础教育、职业教育和成人教育统筹，促进农科教结合。强化省、市（地）级政府发展农村职业教育的责任，扩大农村职业教育培训覆盖面，根据需要办好县级职教中心。强化职业教育资源的统筹协调和综合利用，推进城乡、区域合作，增强服务“三农”能力。加强涉农专业建设，加大培养适应农业和农村发展需要的专业人才力度。支持各级各类学校积极参与培养有文化、懂技术、会经营的新型农民，开展进城务工人员、农村劳动力转移培训。逐步实施农村新成长劳动力免费劳动预备制培训。

（四）增强职业教育吸引力

完善职业教育支持政策。逐步实行中等职业教育免费制度，完善家庭经济困难学生资助政策。改革招生和教学模式。积极推进学历证书和职业资格证书“双证书”制度，推进职业学校专业课程内容和职业标准相衔接。完善就业准入制度，执行“先培训、后就业”“先培训、后上岗”的规定。制定退役士兵接受职业教育培训的办法。建立健全职业教育课程衔接体系。鼓励毕业生在职继续学习，完善职业学校毕业生直接升学制度，拓宽毕业生继续学习渠道。提高技能型人才的社会地位和待遇。加大对有突出贡献高技能人才的宣传表彰力度，形成“行行出状元”的良好社会氛围。

三、关于加快发展现代职业教育的决定

2014年6月22日，国务院发布《关于加快发展现代职业教育的决定》（以下简称《决定》），全面部署现代职业教育发展。《决定》明确了今后一个时期加快发展现代职业教育的指导思想、基本原则、目标任务和政策措施，提出到2020年，形成适应发展需求、产教深度融合、中职高职衔接、职业教育

与普通教育相互沟通，体现终身教育理念，具有中国特色、世界水平的现代职业教育体系。《决定》有关高职教育的内容节选如下：

（一）基本原则

政府推动、市场引导；加强统筹、分类指导；服务需求、就业导向；产教融合、特色办学；系统培养、多样成才。

（二）目标任务

到2020年，形成适应发展需求、产教深度融合、中职高职衔接、职业教育与普通教育相互沟通，体现终身教育理念，具有中国特色、世界水平的现代职业教育体系。

结构规模更加合理。到2020年，中等职业教育在校生达到2 350万人，专科层次职业教育在校生达到1 480万人，接受本科层次职业教育的学生达到一定规模。从业人员继续教育达到3.5亿人次。

院校布局和专业设置更加适应经济社会需求。重点提升面向现代农业、先进制造业、现代服务业、战略性新兴产业和社会管理、生态文明建设等领域的人才培养能力。

职业院校办学水平普遍提高。办学条件明显改善，专兼结合的“双师型”教师队伍建设进展显著。建成一批世界一流的职业院校和骨干专业，形成具有国际竞争力的人才培养高地。

发展环境更加优化。现代职业教育制度基本建立，政策法规更加健全，相关标准更加科学规范，监管机制更加完善。

（三）加快构建现代职业教育体系

创新发展高等职业教育。密切产学研合作，培养服务区域发展的技术技能人才，重点服务中小微企业的技术研发和产品升级，加强社区教育和终身学习服务。

完善职业教育人才多样化成长渠道。健全“文化素质+职业技能”、单独招生、综合评价招生和技能拔尖人才免试等考试招生办法，为学生接受不同层次高等职业教育提供多种机会。逐步扩大高等职业院校招收有实践经历人员的比例。

（四）激发职业教育办学活力

引导支持社会力量兴办职业教育。探索发展股份制、混合所有制职业院校。

健全企业参与制度。鼓励行业和企业举办或参与举办职业教育，发挥企业重要办学主体作用。对职业院校自办的、以服务学生实习实训为主要目的的企业或经营活动，按照国家有关规定享受税收等优惠。

加强行业指导、评价和服务。通过授权委托、购买服务等方式，把适宜行业组织承担的职责交给行业组织，给予政策支持并强化服务监管。

完善现代职业学校制度。扩大职业院校在专业设置和调整、人事管理、教师评聘、收入分配等方面的办学自主权。

鼓励多元主体组建职业教育集团。鼓励中央企业和行业龙头企业牵头组建职业教育集团。

强化职业教育的技术技能积累作用。职业院校教师和学生拥有知识产权的技术开发、产品设计等成果，可依法依规在企业作价入股。

（五）提高人才培养质量

推进人才培养模式创新。坚持校企合作、工学结合，强化教学、学习、实训相融合的教育教学活动。积极推进学历证书和职业资格证书“双证书”制度。

建立健全课程衔接体系。适应经济发展、产业升级和技术进步需要，建立专业教学标准和职业标准联动开发机制。推进专业设置、专业课程内容与职业标准相衔接。全面实施素质教育，将职业道德、人文素养教育贯穿培养全过程。

建设“双师型”教师队伍。完善教师资格标准，实施教师专业标准。实行五年一周期的教师全员培训制度。落实教师企业实践制度。

提高信息化水平。推进职业教育资源跨区域、跨行业共建共享，逐步实现所有专业的优质数字教育资源全覆盖。

加强国际交流与合作。鼓励中外职业院校教师互派、学生互换。实施中外职业院校合作办学项目，探索和规范职业院校到国（境）外办学。提升全国职业院校技能大赛国际影响。

（六）提升发展保障水平

完善经费稳定投入机制。各级人民政府要建立与办学规模和培养要求相适应的财政投入制度，地方教育附加费用于职业教育的比例不低于30%。

健全社会力量投入的激励政策。鼓励社会力量捐资、出资兴办职业教育，拓宽办学筹资渠道。

加强基础能力建设。分类制定中等职业学校、高等职业院校办学标准，到2020年实现基本达标。

完善资助政策体系。进一步健全公平公正、多元投入、规范高效的职业教育国家资助政策，加大对农、林、水、地、矿、油、核等专业学生的助学力度。

加大对农村和贫困地区职业教育支持力度。积极发展现代农业职业教育，建立公益性农民培养培训制度，大力培养新型职业农民。

健全就业和用人的保障政策。各级人民政府要创造平等就业环境，消除城乡、行业、身份、性别等一切影响平等就业的制度障碍和就业歧视；党政机关和企事业单位招用人员不得歧视职业院校毕业生。

第二节　教育部相关政策法规

一、教育部关于推进高等职业教育改革创新引领职业教育科学发展的若干意见

2011 年 10 月 12 日，为深入贯彻落实《规划纲要》，推动体制机制创新，深化校企合作、工学结合，进一步促进高等职业学校办出特色，全面提高高等职业教育质量，提升其服务经济社会发展能力，教育部发布《教育部关于推进高等职业教育改革创新引领职业教育科学发展的若干意见》（教职成〔2011〕12 号），主要内容有：

（一）服务经济转型，明确高等职业教育发展方向

当前，我国正处于从经济大国向经济强国、人力资源大国向人力资源强国迈进的关键时期。高等职业教育必须准确把握定位和发展方向，自觉承担起服务经济发展方式转变和现代产业体系建设的时代责任，主动适应区域经济社会发展需要，培养数量充足、结构合理的高端技能型专门人才，在促进就业、改善民生方面以及在全面建设小康社会的历史进程中发挥不可替代的作用。

高等职业教育具有高等教育和职业教育双重属性，以培养生产、建设、服务、管理第一线的高端技能型专门人才为主要任务。按照“到 2020 年，形成适应经济发展方式转变和产业结构调整要求、体现终身教育理念、中等和高等职业教育协调发展的现代职业教育体系”要求，必须坚持以服务为宗旨、以就业为导向，走产学研结合发展道路的办学方针，以提高质量为核心，以增强特色为重点，以合作办学、合作育人、合作就业、合作发展为主线，创新体制机制，深化教育教学改革，围绕国家现代产业体系建设，服务中国创造战略规划，加强中高职协调，系统培养技能型人才，努力建设中国特色、世界水准的高等职业教育，在现代职业教育体系建设中发挥引领作用。

（二）加强政府统筹，建立教育与行业对接协作机制

各地教育行政部门要积极联合相关部门，将高等职业教育纳入本地经济社会和产业发展规划，统筹区域经济社会发展与高等职业学校布局和发展规模，统筹中等职业教育和高等职业教育协调发展，统筹应用型、复合型、技能型人才培养结构布局，分类指导，支持特色学校和特色专业做优做强。要解放思想，改革创新，大胆探索，促进地方政府充分发挥政策调控与资源配置作用，引导学校科学定位，全面提升办学质量，大力促进高职毕业生就业，为区域经济社会发展提供人才支撑和智力支持。

发挥地方及行业在高等职业教育专业设置工作中的调控和引导作用，改革专业设置管理办法，完善学校自主设置、地方统筹、行业指导、国家备案、信息公开的专业管理机制。各地要建立专业设置和调整的动态机制，围绕国家产业发展重点，结合区域产业发展需要，合理确定、不断优化专业结构和布局；各地教育行政部门要配合地方和行业主管部门联合建立人才需求预测机制和专业设置预警机制，定期发布人才需求信息，引导高等职业学校调整专业设置。国家将根据产业发展对技能型人才的需求，参照高等职业教育专业目录，分批确定初中后五年制高等职业教育招生专业。

（三）创新体制机制，探索充满活力的多元办学模式

各地教育行政部门要联合相关部门，优化区域政策环境，完善促进校企合作的政策法规，明确政府、行业、企业和学校在校企合作中的职责和权益，通过地方财政支持等政策措施，调动企业参与高等职业教育的积极性，促进高等职业教育校企合作、产学研结合制度化。

创新办学体制，鼓励地方政府和行业（企业）共建高等职业学校，探索行业（企业）与高等职业学校、中等职业学校组建职业教育集团，发挥各自在产业规划、经费筹措、先进技术应用、兼职教师选聘、实习实训基地建设和学生就业等方面的优势，形成政府、行业、企业、学校等各方合作办学，跨部门、跨地区、跨领域、跨专业协同育人的长效机制。

完善校企合作运行机制，推进建立由政府部门、行业、企业、学校举办方、学校等参加的校企合作协调组织。公办高等职业学校在坚持党委领导下校长负责制的同时，鼓励建立董事会、理事会等多种形式的议事制度，形成多方参与、共同建设、多元评价的运行机制，增强办学活力。

（四）改革培养模式，增强学生可持续发展能力

1. 坚持育人为本，德育为先

高等职业学校要把社会主义核心价值体系、现代企业优秀文化理念融入人

才培养全过程，强化学生职业道德和职业精神培养，加强实践育人，提高思想政治教育工作的针对性和实效性。重视学生全面发展，推进素质教育，增强学生自信心，满足学生成长需要，促进学生人人成才。

2. 以区域产业发展对人才的需求为依据，明晰人才培养目标，深化工学结合、校企合作、顶岗实习的人才培养模式改革

要与行业（企业）共同制定专业人才培养方案，实现专业与行业（企业）岗位对接；推行“双证书”制度，实现专业课程内容与职业标准对接；引入企业新技术、新工艺，校企合作共同开发专业课程和教学资源；继续推行任务驱动、项目导向等学做一体的教学模式，实践教学比重应达到总学分（学时）的一半以上；积极试行多学期、分段式等灵活多样的教学组织形式，将学校的教学过程和企业的生产过程紧密结合，校企共同完成教学任务，突出人才培养的针对性、灵活性和开放性。

3. 系统设计、实施生产性实训和顶岗实习，探索建立“校中厂”“厂中校”等形式的实践教学基地，推动教学改革

强化教学过程的实践性、开放性和职业性，鼓励学校提供场地和管理，企业提供设备、技术和师资，校企联合组织实训，为校内实训提供真实的岗位训练、营造职场氛围和企业文化；鼓励将课堂建到产业园区、企业车间等生产一线，在实践教学方案设计与实施、指导教师配备、协同管理等方面与企业密切合作，提升教学效果。要加强安全教育，完善安全措施，确保实习实训安全。

4. 加强职业教育信息化建设

大力开发数字化教学资源，推动优质教学资源共建共享，拓展学生学习空间，促进学生自主学习。推进现代化教学手段和方法改革，开发虚拟流程、虚拟工艺、虚拟生产线等，提升实践教学和技能训练的效率和效果。搭建校企互动信息化教学平台，探索将企业的生产过程、工作流程等信息实时传送到学校课堂和企业兼职教师在生产现场远程开展专业教学的改革。

5. 完善人才培养质量保障体系

推进高等职业教育质量评估工作，建立和完善学校、行业、企业、研究机构和其他社会组织共同参与的质量评价机制，将毕业生就业率、就业质量、企业满意度、创业成效等作为衡量人才培养质量的重要指标。各地和各高等职业学校都要建立人才培养质量年度报告发布制度，不断完善人才培养质量监测体系。

（五）改革评聘办法，加强“双师型”教师队伍建设

各地要创新高等职业学校师资管理制度，按照国家有关规定，进一步完善

符合高等职业教育特点的教师专业技术职务（职称）评审标准，将教师参与企业技术应用、新产品开发、社会服务等作为专业技术职务（职称）评聘和工作绩效考核的重要内容。

各地要加大高等职业学校教师培养培训力度，推动学校与企业共同开展教师培养培训工作。要在优秀企事业单位建立专业教师实践基地，完善专业教师到对口企事业单位定期实践制度。要在学校建立名师和技能大师工作室，完善老中青三结合的青年教师培养机制。要坚持培养与使用相结合，完善教师继续教育体系，健全教师继续教育考核制度和政策。

高等职业学校要加快双师结构专业教学团队建设，聘任（聘用）一批具有行业影响力的专家作为专业带头人，一批企业专业人才和能工巧匠作为兼职教师，使专业建设紧跟产业发展，学生实践能力培养符合职业岗位要求。国家示范（骨干）高等职业学校要率先开展改革试点，鼓励和支持兼职教师申请教学系列专业技术职务，支持兼职教师或合作企业牵头申报教学研究项目、教学改革成果，吸引企业技术骨干参与专业建设与人才培养。

（六）改革招考制度，探索多样化选拔机制

推广高等职业学校单独招生改革试点工作经验，完善“知识+技能”的考核办法。稳步开展根据高中阶段教育学业水平考试成绩、综合素质评价、职业准备类课程学习情况和职业倾向测试结果综合评价录取新生的招生改革试点。鼓励职业学校和企业联合开展先招工、后入学的现代学徒制试点。增加中等职业学校毕业生对口升学比例，拓宽高等职业学校应届毕业生进入本科学校应用性专业继续学习的渠道。

（七）增强服务能力，满足社会多样化发展需要

高等职业学校要搭建产学研结合的技术推广服务平台，面向企业开展技术服务，推进科技成果转化；面向新农村建设，提供农业技术推广、农村新型合作组织建设等服务。建立专业教师密切联系企业的制度，引导和激励教师主动为企业和社会服务。

各地要鼓励和支持高等职业学校加强国际交流与合作，积极参与职业教育国际标准和规则的研究与制定，提高高等职业教育的国际影响力。

高等职业学校要努力成为当地继续教育和文化传播的中心，搭建多样化学习平台，开放教育资源，开展高技能和新技术培训，普及科学文化知识，参与社区教育，服务老年学习，在构建国家终身教育体系和建设学习型社会中发挥积极作用。

（八）完善保障机制，促进高等职业教育持续健康发展

各地教育行政部门要主动与相关部门合作，结合本地区经济社会发展实

际，确定高等职业学校生均经费基本标准和生均财政拨款基本标准，逐步实行依据生均经费基本标准核定高等职业学校经费的制度。

二、高等职业教育创新发展行动计划（2015—2018年）

2015年10月19日，为贯彻落实《决定》和全国人大常委会职业教育法执法检查有关要求，推动高等职业教育创新发展，教育部编制了《高等职业教育创新发展行动计划（2015—2018年）》（以下简称《行动计划》）。旨在通过三年建设，高等职业教育整体实力显著增强，人才培养的结构更加合理、质量持续提高，服务“中国制造2025”的能力和服务经济社会发展的水平显著提升，促使高等教育结构优化成效更加明显，推动现代职业教育体系日臻完善。《行动计划》分为总体要求、主要任务与举措、保障措施共三个部分，主要内容节选如下：

（一）指导思想

以邓小平理论、“三个代表”重要思想、科学发展观为指导，切实贯彻习近平总书记重要指示精神，服务“四个全面”战略布局和创新驱动发展战略，以立德树人为根本，以服务发展为宗旨，以促进就业为导向，坚持适应需求、面向人人，坚持产教融合、校企合作，坚持工学结合、知行合一，推动高等职业教育与经济社会同步发展，加强技术技能积累，提升人才培养质量，为实现“两个一百年”奋斗目标和中华民族伟大复兴的中国梦提供坚实人才保障。

（二）基本原则

1. 坚持政府推动与引导社会力量参与相结合

强化地方政府统筹发展职业教育的责任，落实高等职业院校办学自主权，探索本科层次职业教育实现形式；充分发挥市场机制作用，引导社会力量参与办学，发挥企业重要办学主体作用，探索发展股份制、混合所有制高等职业院校。

2. 坚持顶层设计与支持地方先行先试相结合

加强现代职业教育国家制度建设，深化重要领域和关键环节改革；鼓励和支持有条件的地区率先开展试点，积极探索现代职业教育体系建设的实现路径和制度创新，完善现代职业教育的国家标准、国家机制和国家政策。

3. 坚持扶优扶强与提升整体保障水平相结合

支持部分普通本科高等学校转型发展、优质专科高等职业院校创新发展、职业院校骨干专业特色发展，在体制机制创新、人才培养模式改革、社会服务能力提升等方面率先取得突破；健全高等职业院校生均拨款制度和质量保证机制，全面提高保障水平。

4. 坚持教学改革与提升院校治理能力相结合

以提高质量为核心，深化专业内涵建设，推进课程体系、教学模式改革；与人才培养和教师能力提升相结合开展应用技术研发；创新校企合作、工学结合的育人机制；推动专科高等职业院校依法制定章程，完善治理结构，提升治理能力。

（三）主要目标

1. 体系结构更加合理

人才培养的层次、规模与经济社会发展更加匹配，专科层次职业教育在校生达到 1 420 万人，接受本科层次职业教育学生达到一定规模，以职业需求为导向的专业学位研究生培养模式改革取得阶段成果。

2. 服务发展的能力进一步增强

技术技能人才培养质量大幅提升，高等职业院校的布局结构、专业设置与区域产业发展结合更加紧密；应用技术研发能力和社会服务水平大幅提高；与行业企业共同推进技术技能积累创新的机制初步形成；服务“中国制造 2025”的能力显著增强。

3. 可持续发展的机制更加完善

公办高等职业院校生均拨款制度全面建立；院校治理能力明显改善；职普沟通更加便捷，升学渠道进一步畅通；支持社会力量参与职业教育的政策更加健全；产教融合发展成效更加明显；职业教育国家标准体系更加完善；职业教育信息化水平明显提高。

4. 发展质量持续提升

以专业为载体的优质教育资源总量和覆盖区域不断扩大，支持优质专科高等职业院校争创国际先进水平的机制基本形成；多方参与、多元评价的质量保证机制更加完善；基于增强发展能力的东中西部合作机制更加成型；融人文素养、职业精神、职业技能为一体的育人文化初步形成；我国高等职业教育的国际影响持续扩大、国际话语权不断增强。

（四）任务与举措

1. 扩大优质教育资源

（1）提升专业建设水平。

加强专科高等职业院校的专业建设，凝练专业方向，改善实训条件，深化教学改革，整体提升专业发展水平。支持紧贴产业发展、校企深度合作、社会认可度高的骨干专业建设。支持专科高等职业院校与技术先进、管理规范、社会责任感强的规模以上企业深度合作，共建生产性实训基地。面向国家重点发展产业，提高专业的技术协同创新能力，促进区域产业结构调整和新兴产业发展。探索发展本科层次职业教育专业。培养“中国制造 2025”需要的不同层次人才。

（2）开展优质学校建设。

坚持以示范建设引领发展，鼓励支持地方建设一批办学定位准确、专业特色鲜明、社会服务能力强、综合办学水平领先、与地方经济社会发展需要契合度高、行业优势突出的优质专科高等职业院校，持续深化教育教学改革、大幅提升技术创新服务能力、实质性扩大国际交流合作、培养杰出技术技能人才，增强专业教师和毕业生在行业企业的影响力，提升学校对产业发展的贡献度，争创国际先进水平。

（3）引进境外优质资源。

加强与信誉良好的国际组织、跨国企业以及职业教育发达国家开展交流与合作，探索中外合作办学的新途径、新模式。

（4）加强教师队伍建设。

围绕提升专业教学能力和实践动手能力，健全专科高等职业院校专任教师的培养和继续教育制度。

加强以专业技术人员和高技能人才为主，主要承担专业课程教学和实践教学任务的兼职教师队伍建设。兼职教师数按每学年授课 160 学时为 1 名教师计算。

（5）推进信息技术应用。

顺应“互联网+”的发展趋势，构建国家、省、学校三级数字教育资源共建共享体系。国家级资源主要面向专业布点多、学生数量大、行业企业需求迫切的专业领域；省级资源根据本地发展需要和职业教育基础，与国家级资源错位规划建设；校级资源根据院校自身条件补充建设，突出院校特色。

应用信息技术改造传统教学，促进泛在、移动、个性化学习方式的形成。推广教学过程与生产过程实时互动的远程教学。

推进落实职业院校数字校园建设相关标准；加快职业教育管理信息化平台建设，消除信息孤岛；将信息技术应用能力作为教师评聘考核的重要依据。办好全国职业院校信息化教学大赛。

（6）完善高等职业教育结构。

推进高等学校分类管理，系统构建专科、本科、专业学位研究生培养体系。

健全职业教育继续培养制度。加快高等职业教育标准体系制定工作；探索区别于学科型人才培养的本科层次职业教育实现形式和培养模式。探索以学分转换和学力补充为核心的职普互通机制。推进毕业证书与职业资格证书对接。

（7）推动职业教育集团化发展。

鼓励中央企业和行业龙头企业、行业部门、高等职业院校等，围绕区域经济发展对人才的需求，牵头组建职业教育集团，并按照属地化管理原则在省级教育行政部门备案。支持有特色的专科高等职业院校以输出品牌、资源和管理的方式成立连锁型职业教育集团。积极吸收科研院所及其他社会组织参与职业教育集团。鼓励职业教育集团与跨国企业、境外教育机构等开展合作。

（8）促进区域协调发展。

科学规划区域高等职业教育布局与发展。引导专科高等职业院校集中力量办好当地需要的特色优势专业（群）。探索基于增强发展能力的东中西部合作机制，鼓励和支持东中部地区高等职业院校（或职教集团），对口支援西部地区职业教育发展。深入推进地市级高等职业教育综合改革试点。

2. 增强院校办学活力

（1）推进分类考试招生。

健全“文化素质+职业技能”的考试招生办法。根据不同生源特点和培养需要，规范实施专科高等职业院校以高考为基础的考试招生、单独考试招生、综合评价招生、面向中职毕业生的技能考试招生、中高职贯通招生、技能拔尖人才免试招生。

（2）建立学分积累与转换制度。

推动专科高等职业院校逐步实行学分制，推进与学分制相配套的课程开发和教学管理制度改革，建立以学分为基本单位的学习成果认定积累制度；在坚持培养要求的基础上，探索普通本科高校、高等职业院校、成人高校、社区教育机构之间的学分转移与认定。

（3）探索混合所有制办学。

深化办学体制改革，鼓励社会力量以资本、知识、技术、管理等要素参与公办高等职业院校改革。

（4）鼓励行业参与职业教育。

健全与行业联合召开职业教育工作会议的机制，联合制定行业职业教育发展指导意见。支持行业根据发展需要举办高等职业教育，切实履行举办方责任。办好全国职业院校技能大赛。

（5）发挥企业办学主体作用。

支持企业发挥资源技术优势举办高等职业院校，按照职业教育规律规范管理。鼓励企业将职工教育培训交由高等职业院校承担，鼓励企业与学校共建共管职工培训中心。

（6）落实高等职业院校办学自主权。

按照中央关于分类推进事业单位改革的精神，构建政府、高校、社会新型关系，加快转变政府职能，督促地（市、州）政府进一步明确管理高等职业教育的职责与权限，进一步明确高等职业院校的办学权利和义务，更好落实学校办学主体地位。

（7）服务社区教育和终身学习。

专科高等职业院校要发挥场地、设施、师资、教学实训设备、网络及教育资源优势，面向社区成员开展与生活密切相关的职业技能培训，以及民主法治、文明礼仪、保健养生、生态文明等方面的教育活动。

学历教育和非学历培训并举、全日制与非全日制并重发展多样化的职工继续教育，为劳动者终身学习提供更多机会。鼓励专科高等职业院校主动承接政府和企事业单位组织的职业培训，按照国家有关规定开展退役士兵职业教育培训。

3. 加强技术技能积累

（1）服务“中国制造 2025”。

根据区域发展规划和产业转型升级需要优化院校布局和专业结构，将专科高等职业院校建设成为区域内技术技能积累的重要资源集聚地。重点服务“中国制造 2025”，主动适应数字化网络化智能化制造需要，围绕强化工业基础、提升产品质量、发展制造业相关的生产性服务业调整专业、培养人才。

（2）支持优质产能“走出去”。

配合国家“一带一路”倡议，助力优质产能走出去，扩大与“一带一路”沿线国家的职业教育合作。主动发掘和服务“走出去”企业的需求，培养具有国际视野、通晓国际规则的技术技能人才和中国企业海外生产经营需要的本土人才。发挥专科高等职业院校专业优势，配合“走出去”企业面向当地员工开展技术技能培训和学历职业教育。

（3）深化校企合作发展。

推动专科高等职业院校与当地企业合作办学、合作育人、合作发展，鼓励校企共建以现代学徒制培养为主的特色学院；以市场为导向多方共建应用技术协同创新中心。

(4) 加强创新创业教育。

将学生的创新意识培养和创新思维养成融入教育教学全过程，按照高质量创新创业教育的需要调配师资、改革教法、完善实践、因材施教，促进专业教育与创新创业教育有机融合。

(5) 开展现代学徒制培养。

支持地方和行业引导、扶持企业与高等职业院校联合开展“现代学徒制”培养试点。校企共同制订和实施人才培养方案，试点学校主要负责理论课程教学、学生日常管理等工作，合作企业主要负责选派工程技术人员（能工巧匠）承担实践教学任务、组织实习实训；校企联合保障学生权益、保证合理报酬，按照国家有关规定落实学生责任保险和工伤保险。

(6) 培育新型职业农民。

建立公益性农民培养培训制度，扶持涉农专科高等职业院校的发展和专业建设。提高涉农专科高等职业院校为三农服务的能力，围绕农业产业链和流通链培养培训适应科技进步和农业产业化需要的学生和新型职业农民。

(7) 促进文化传承创新与传播。

深化文化艺术类职业教育改革，重点培养文化创意人才、基层文化人才，传承创新民族文化与工艺。

(8) 扩大职业教育国际影响。

广泛参与国际职业教育合作与发展。加强与职业教育发达国家的政策对话，探索对发展中国家开展职业教育援助的渠道和政策。积极参与职业教育国际标准与规则的研究制定，开发与之对应的专业标准和课程体系，扩大国际话语权、增强国家软实力。

4. 完善质量保障机制

(1) 提高经费保障水平。

落实生均拨款政策，建立多渠道筹资机制，提高经费保障水平。2017 年，本省专科高等职业院校年生均财政拨款平均水平不低于 12 000 元。学费收入优先保证学校基本教学方面的支出。

(2) 完善院校治理结构。

落实《高等学校章程制定暂行办法》，建立健全依法自主管理、民主监督、社会参与的高等职业院校治理结构；完成高等职业院校章程制定、修订工作；坚持和完善公办高等职业院校党委领导下的校长负责制。

(3) 完善质量年报制度。

巩固学校、省和国家三级高等职业教育质量年度报告制度，进一步提高年度质量报告的量化程度、可比性和可读性。

（4）建立诊断改进机制。

以高等职业院校人才培养工作状态数据为基础，开展教学诊断和改进工作。加强分类指导，保证新建高等职业院校基本办学质量，推动高等职业院校全面建立完善内部质量保证体系，支持优质高等职业院校实现更高水平发展。

（5）改进高职教师管理。

完善教师专业技术职务（职称）评聘办法，将师德表现、教学水平、应用技术研发成果与社会服务成效等作为高等职业院校教师专业技术职务（职称）评聘和工作绩效考核的重要内容。推动教师分类管理、分类评价的人事管理制度改革；全面推行按岗聘用、竞聘上岗。

5. 提升思想政治教育质量

（1）加强和改进学生思想政治教育工作。

深入开展中国特色社会主义和中国梦教育，在广大师生中积极培育和践行社会主义核心价值观，引导大学生关心国家命运，自觉把个人理想与国家梦想、个人价值与国家发展结合起来。

（2）促进职业技能培养与职业精神养成相融合。

加强文化素质教育，坚持知识学习、技能培养与品德修养相统一，将人文素养和职业素质教育纳入人才培养方案，加强文化艺术类课程建设，完善人格修养，培育学生诚实守信、崇尚科学、追求真理的思想观念。

三、关于深化职业教育教学改革全面提高人才培养质量的若干意见

2015 年 7 月 27 日，为贯彻落实全国职业教育工作会议精神和《决定》要求，深化职业教育教学改革，全面提高人才培养质量，教育部印发《关于深化职业教育教学改革全面提高人才培养质量的若干意见》（以下简称《意见》）。《意见》分为八个部分共二十六条，有关高职教育的论述集中起来有以下内容：

（一）总体要求

1. 指导思想

全面贯彻党的教育方针，按照党中央、国务院决策部署，以立德树人为根本，以服务发展为宗旨，以促进就业为导向，坚持走内涵式发展道路，适应经济发展新常态和技术技能人才成长成才需要，完善产教融合、协同育人机制，创新人才培养模式，构建教学标准体系，健全教学质量管理和保障制度，以增强学生就业创业能力为核心，加强思想道德、人文素养教育和技术技能培养，

全面提高人才培养质量。

2. 基本原则

坚持立德树人、全面发展。遵循职业教育规律和学生身心发展规律，把培育和践行社会主义核心价值观融入教育教学全过程。

坚持系统培养、多样成才。以专业课程衔接为核心，以人才培养模式创新为关键，推进中等和高等职业教育紧密衔接，拓宽技术技能人才成长通道，为学生多样化选择、多路径成才搭建“立交桥”。

坚持产教融合、校企合作。推动教育教学改革与产业转型升级衔接配套，加强行业指导、评价和服务，发挥企业重要办学主体作用，推进行业企业参与人才培养全过程，实现校企协同育人。

坚持工学结合、知行合一。注重教育与生产劳动、社会实践相结合，突出做中学、做中教，强化教育教学实践性和职业性，促进学以致用、用以促学、学用相长。

坚持国际合作、开放创新。在教学标准开发、课程建设、师资培训、学生培养等方面加强国际交流与合作，推动教育教学改革创新，积极参与国际规则制定，提升我国技术技能人才培养的国际竞争力。

（二）落实立德树人根本任务

1. 坚持把德育放在首位

深入开展中国特色社会主义和中国梦宣传教育，大力加强社会主义核心价值观教育，帮助学生树立正确的世界观、人生观和价值观。建设学生真心喜爱、终身受益的思想政治理论课程，努力构建全员、全过程、全方位育人格局。

2. 加强文化基础教育

发挥人文学科的独特育人优势，加强公共基础课与专业课间的相互融通和配合，注重学生文化素质、科学素养、综合职业能力和可持续发展能力培养，为学生实现更高质量就业和职业生涯更好发展奠定基础。

3. 加强中华优秀传统文化教育

要把中华优秀传统文化教育系统融入课程和教材体系，在相关课程中增加中华优秀传统文化内容比重。各职业院校要充分挖掘和利用本地中华优秀传统文化教育资源，开设专题的地方课程和校本课程。有条件的职业院校要开设经典诵读、中华礼仪、传统技艺等中华优秀传统文化必修课，并拓宽选修课覆盖面。

4. 把提高学生职业技能和培养职业精神高度融合

积极探索有效的方式和途径，形成常态化、长效化的职业精神培育机制，重视崇尚劳动、敬业守信、创新务实等精神的培养。

（三）改善专业结构和布局

1. 引导职业院校科学合理设置专业

职业院校要结合自身优势，科学准确定位，紧贴市场、紧贴产业、紧贴职业设置专业，参照《产业结构调整指导目录》，重点设置区域经济社会发展急需的鼓励类产业相关专业，减少或取消设置限制类、淘汰类产业相关专业。

2. 优化服务产业发展的专业布局

要建立专业设置动态调整机制，及时发布专业设置预警信息。各地要统筹管理本地区专业设置，围绕区域产业转型升级，加强宏观调控，努力形成与区域产业分布形态相适应的专业布局。

3. 推动国家产业发展急需的示范专业建设

各职业院校要围绕现代农业、先进制造业、现代服务业和战略性新兴产业发展需要，积极推进现代农业技术、装备制造、清洁能源、轨道交通、现代物流、电子商务、旅游、健康养老服务、文化创意产业等相关专业建设。

（四）提升系统化培养水平

1. 积极稳妥推进中高职人才培养衔接

要在坚持中高职各自办学定位的基础上，形成适应发展需求、产教深度融合，中高职优势互补、衔接贯通的培养体系。

2. 完善专业课程衔接体系

统筹安排开展中高职衔接专业的公共基础课、专业课和顶岗实习，研究制定中高职衔接专业教学标准。注重中高职在培养规格、课程设置、工学比例、教学内容、教学方式方法、教学资源配置上的衔接。

3. 拓宽技术技能人才终身学习通道

建立学分积累与转换制度，推进学习成果互认，促进工作实践、在职培训和学历教育互通互转。

（五）推进产教深度融合

1. 深化校企协同育人

创新校企合作育人的途径与方式，充分发挥企业的重要主体作用。推动校企共建校内外生产性实训基地、技术服务和产品开发中心、技能大师工作室、创业教育实践平台等，切实增强职业院校技术技能积累能力和学生就业创业能力。

2. 强化行业对教育教学的指导

完善职业教育行业指导体系、创新机制，提升行业指导能力，通过授权委托、购买服务等方式，把适宜行业组织承担的职责交给行业组织，完善购买服务的标准和制度。各职业院校要积极吸收行业专家进入学术委员会和专业建设指导机构，在专业设置评议、人才培养方案制订、专业建设、教师队伍建设、质量评价等方面主动接受行业指导。

3. 推进专业教学紧贴技术进步和生产实际

对接最新职业标准、行业标准和岗位规范，紧贴岗位实际工作过程，调整课程结构，更新课程内容，深化多种模式的课程改革。职业院校要加强与职业技能鉴定机构、行业企业的合作，积极推行“双证书”制度，把职业岗位所需要的知识、技能和职业素养融入相关专业教学中，将相关课程考试考核与职业技能鉴定合并进行。

4. 有效开展实践性教学

公共基础课和专业课都要加强实践性教学，实践性教学课时原则上要占总课时数一半以上。要加大对学生创新创业实践活动的支持和保障力度。

（六）强化教学规范管理

1. 完善教学标准体系

教育部根据经济社会发展实际，定期修订发布中、高职专业目录，组织制定公共基础必修课和部分选修课的课程标准、专业教学标准、顶岗实习标准、专业仪器设备装备规范等。省级教育行政部门要根据国家发布的相关标准，组织开发具有地方特色的专业教学指导方案和课程标准，积极开发与国际先进标准对接的专业教学标准和课程标准。鼓励职业院校结合办学定位、服务面向和创新创业教育目标要求，借鉴、引入企业岗位规范，制订人才培养方案。

2. 加强教学常规管理

各地、各职业院校要严格执行国家制定的教学文件，适应生源、学制和培养模式的新特点，完善教学管理机制。要加强教学组织建设，健全教学管理机构，建立行业企业深度参与的教学指导机构。

3. 提高教学质量管理水平

各地、各职业院校要加强教育教学质量管理，把学生的职业道德、职业素养、技术技能水平、就业质量和创业能力作为衡量学校教学质量的重要指标。要适应技术技能人才多样化成长需要，针对不同地区、学校实际，创新方式方法，积极推行技能抽查、学业水平测试、综合素质评价和毕业生质量跟踪调查等。要按照教育部关于建立职业院校教学工作诊断与改进制度的有关要求，全面开展教学诊断与改进工作，切实发挥学校的教育质量保证主体作用，不断完善内部质量保证制度体系和运行机制。

（七）完善教学保障机制

1. 加强教师培养培训

建立健全高校与地方政府、行业企业、中职学校协同培养教师的新机制，建设一批职教师资培养培训基地和教师企业实践基地，积极探索高层次“双师型”教师培养模式。加强教师专业技能、实践教学、信息技术应用和教学研究能力提升培训，提高具备“双师”素质的专业课教师比例。

2. 提升信息化教学能力

要加强区域联合、优势互补、资源共享，构建全国职业教育教学资源信息化网络。各地、各职业院校要组织开发一批优质的专业教学资源库、网络课程、模拟仿真实训软件和生产实际教学案例等。广泛开展教师信息化教学能力提升培训，不断提高教师的信息素养。

3. 提高实习实训装备水平

建立与行业企业技术要求、工艺流程、管理规范、设备水平同步的实习实训装备标准体系。要贯彻落实好教育部发布的专业仪器设备装备规范，制订本地区、本院校的实施方案，到 2020 年实现基本达标。

4. 加强教科研及服务体系建设

省、市两级要尽快建立健全职业教育教科研机构，国家示范（骨干）职业院校要建立专门的教研机构，强化教科研对教学改革的指导与服务功能。

第十二章　高职院校办学实践典型案例

精准对接新旧动能转换

——潍坊工程职业学院全面实施专业升级改造工程①

加快新旧动能转换综合试验区建设，推进新旧动能转换重大工程，是国家战略的山东担当。随着新旧动能转换战略的不断深入，对于知识型、技能型、创新型人才的需求越来越旺盛，培养符合新时代社会发展和新旧动能转换综合试验区建设的高素质技术技能人才成为目前山东经济社会发展的重要课题。“我们潍坊工程职业学院作为培养高素质技术技能人才的工程类职业院校，抢抓战略机遇，积极主动作为，精准对接新旧动能转换十强产业，按照整体规划、梯度建设、均衡发展、重点突出的思路，加快实施专业升级改造工程，不断提高办学育人水平，努力用新作为全面服务新旧动能转换重大工程。”在谈到如何服务新旧动能转换重大战略时，潍坊工程职业学院党委书记肖明胜如是说。

实施新旧动能转换重大工程是当前山东省经济社会发展的“一号工程”，是我省全面贯彻落实党的十九大精神、全面深化改革的重大战略部署。加快新旧动能转换综合试验区建设，推进和服务新旧动能转换重大工程，这既是山东发展的重大历史机遇，更是高校的重大机遇和重大责任。作为培养高素质技术技能人才的工程类职业院校，潍坊工程职业学院积极对接新旧动能转换重大工程，加快实施专业升级改造工程，不断提高办学育人水平和人才培养质量，努力用新作为写好教育“奋进之笔”。

---

① 高职高专教育网. 精准对接新旧动能转换——潍坊工程职业学院全面实施专业升级改造工程［EB/OL］［2018-07-20］. http://www.tech.net.cn/web/articleview.aspx? id=20180508081000335&cata_id=N123.

（一）精准对接新旧动能转换十强产业，调整优化专业结构

潍坊工程职业学院依托潍坊高端装备制造产业基地建设，推动机电一体化技术类专业加快向智能制造转型，与潍坊智能机器人生产制造基地知名企业共建工业机器人技术专业。对接潍坊歌尔智慧城，与歌尔声学共建二级学院，组建机电一体化技术专业拔尖技术技能人才实验班和潍工“越南学院”。依托潍坊软件园，计算机类专业加快融入新一代信息技术，建设移动互联网专业群。对接潍坊虚拟现实产业基地，增设云计算与大数据等相关专业或专业方向。抢抓潍坊高端石化产品基地、新型盐化工产业基地建设机遇，对应用化工技术等专业进行改造升级，建成绿色化工专业群。深度融入中国（青州）国际艺术小镇，大力发展文化创意类专业。精准对接潍坊新能源汽车产业园、潍柴新能源动力产业园人才需求，与比德文控股集团、江淮汽车集团等共育新能源汽车高素质技术技能人才。结合国家“一路一带”倡议，成立学前教育专业国际班，培养懂专业、通外语、熟规则、晓文化、善创新的学前教育专业国际化创新人才。借鉴《悉尼协议》国际工程专业认证理念和标准，试点开展工程类专业建设标准制定、人才培养方案开发和课程设计。

（二）紧密对接行业企业的岗位职业能力，深化人才培养模式改革

潍坊工程职业学院完善校企人才培养方案的联合设计、实施、修订机制，建立服务产业升级驱动的专业课程改革机制。构建以工作过程系统化与学生全面发展为目标的课程体系，培养目标与职业岗位对接、学习内容与工作过程对接、培养过程与生产实境对接、双师校企共育、评价校企共施、双证相融共取、生产要素与教学要素深度融合，按照“专长、素质、能力”一体化培养理念设置课程模块。在人才培养方案中设置创新创业学分，实施“第二课堂成绩单”，建立创新创业学分积累与转换制度，形成有机统一、贯穿始终的创新创业教育体系。制定《通识教育实施方案》《通识教育选修课程教学管理办法》。在专业课程体系融入跨学科、跨专业的学习内容，促进文理交融，强化学生人文素质的培养。增强体育、美育与艺术教学的吸引力、特色性和实效性。

（三）开发“线上线下、开放共享”专业教学资源

潍坊工程职业学院开发通识教育课程资源库，探索通过购买社会服务等途径，不断丰富通识教育课程资源。实施线上线下混合式教学课程建设，将建设混合式教学课程 200 门；建成院级精品资源共享课程 60 门、省级精品资源共享课程 30 门、国家精品在线开放课程 1~3 门、“十三五”职业教育国家规划教材 20 种；引进公共慕课 100 门。建设 12 个专业教学资源库。开发虚拟仿真

实训教学系统，打造虚拟仿真实验教学中心，创建国家级和省级虚拟仿真实验教学中心。搭建校企互动信息化教学平台。

（四）引企入教，建设共享型技术培训中心

潍坊工程职业学院机电一体化专业群与卡特彼勒公司，汽车工程专业群与江淮汽车和比德文公司，建筑工程技术与山东国泰置业等企业合作建立教学实践与技术应用中心，构建“专业群+企业+技术中心”（教学工厂）。依托“Caterpillar 培训中心”，共建工程机械运用技术、机电一体化技术和数控技术专业，依照跨国企业标准培养高素质的技术技能拔尖人才。与山东圣世鸿大实业集团、青州隆盛食品厂等企业合作，在校内建设食品生产性实训车间和食品研究院，成为食品营养与检测专业人才培养、教师实践、开展社会服务、师生创新创业的平台。

（五）创新机制，建设高水平师资团队

潍坊工程职业学院开辟引进企业技术人才绿色通道，对急需的高技能人才，放宽年龄、专业、学历等条件，促进企业高技能人才、工程技术人员、能工巧匠到学院兼任专业课教师或实习指导教师，提高“双师型”教师比重。完善教师评聘机制，将教学实绩、技能水平、技术研发成果等作为专业技术职务评聘的重要依据，突出直接服务地方经济社会发展的“横向课题”在职称评聘中的分量，引导专业课教师尤其是中青年骨干教师到企业挂职学习，提升职业素质和教学能力。探索产业教师（导师）特设岗位计划和校企“双栖型”教师培养机制，培养具有双栖身份、双元管理、双向发展的“双栖型”教师。

（六）深化产教融合，加快探索混合所有制办学

做强航空工程学院。航空工程学院是潍坊工程职业学院与北京华联航空、山东新锐通用航空公司合作共建的混合所有制二级学院，2016 年开始筹建，2017 年 6 月正式挂牌成立。学院成为省内第一家既拥有直升机又有独立飞行空域的高校。下一步，航空工程学院将重点打造飞机机电设备维修、飞行技术等两个新上专业，优化空中乘务专业。高标准建设航空服务综合实训中心，进行产学研用一体化提升改造，与企业共同建设通用航空机场，选址和建设论证工作已全面展开。

做大凤凰艺术学院。凤凰艺术学院是潍坊工程职业学院与潍坊中晨集团合作共建省内第一家混合所有制艺术类学院，2017 年 9 月正式挂牌。学院以无形资产、优质师资和教学设施为投入，中晨集团负责提供教学场所、联络美协书协等优质书画产业资源为教学服务。2018 年将完成 2 800 平方的学生宿舍、4 500 平方米餐厅改造建设，开始招生并开展文化艺术产业人员的培训。

下一步，潍坊工程职业学院将精准对接新旧动能转换，全面实施专业升级改造工程，吹响“冲锋号”，跑出“加速度”，构建以工作过程系统化与学生全面发展为目标的课程体系，实现培养目标与职业岗位对接、学习内容与工作过程对接、培养过程与生产实境对接、双师校企共育、评价校企共施、双证相融共取、生产要素与教学要素深度融合，推动办学和人才培养更加适应新时代对高素质技术技能人才的新要求，助力全省新旧动能转换综合试验区建设，为学院优质校创建和高水平发展做出新的贡献。

南京旅游职业学院
工学结合 塑酒店现代学徒制新模式①

5月8日，南京旅游职业学院2018年毕业生联谊晚会暨“一店两院”项目教学成果展在学校御冠教学酒店内隆重举行，这是该校2017年“一店两院”产教深度融合项目实施以来的第二次成果盛宴：宴会所有的菜品都出自烹饪与营养学院学生之手，所有的宴会服务工作皆由酒店管理学院学生完成，整个活动从最初的方案设计到最终的成果呈现均由学生自主完成，充分展现了学校“一店两院”产教融合项目的改革成果。

（一）“一店两院”，创新现代学徒制组织模式

为了适应旅游经济发展新常态和旅游类专业学生成长成才需要，优化产教融合、校企协同育人机制，推进“现代学徒制”试点培养工作，结合学校省级示范性高职院校建设项目以及专业课程改革，自2017年3月，南京旅游职业学院依托校内生产教学酒店——御冠酒店，联合酒店管理学院、烹饪与营养学院共同实施“一店两院”工学结合产教深度融合现代学徒制项目。项目包含认知实习、跟岗实习、顶岗实习、课程实践、双师培养等，系统构建工学交替的分段递进式现代学徒制人才培养模式。

南京旅游职业学院党委书记王海平说，学校借鉴瑞士洛桑酒店管理学院的教学模式，结合我们教学酒店的特色，以“一店两院”为平台，探索旅游职业教育中现代学徒制的新模式，对提高学校乃至江苏省旅游服务人才培养质量起到了很好的促进作用。

---

① 陈海艳. 南京旅游职业学院工学结合 塑酒店现代学徒制新模式［N］. 中国教育报，2018-06-20.

南京旅游职业学院院长周春林表示，“一店两院”项目是学校在人才培养工作中的新探索，立足于创新酒店现代学徒制的组织模式，以满足高素质旅游人才培养诉求，旨在创新学校人才培养模式，培养满足企业行业一线需求的高素质专业人才。

（二）工学结合，丰富现代酒店学徒类型层次

项目以工学结合为切入点，以学生未来的职业发展能力需求为目标，根据酒店行业的岗位资格标准，共同确定人才培养的知识目标和能力目标。项目从企业实际出发，梳理酒店不同部门及主要岗位的工作任务，制订学生具体学习目标：面向大一新生开展“一日识岗”实践，面向有一定专业基础的学生开展“一月跟岗”实践，针对三年级学生开展“一轮顶岗”的酒店实习。通过“识岗”“跟岗”以及“顶岗”三种不同类型和层次的企业实践，逐步达成专业人才培养目标。

（三）“一日识岗”，增强新生职业认同感

“一日识岗”主要面向一年级新生开展为期一天的酒店认知活动。活动紧紧贴合酒店管理、烹调工艺与营养等专业的学生需求，设计有针对性的专业感知实践项目，内容包含参观酒店主要工作岗位、熟悉酒店功能布局、感受酒店工作礼仪、了解酒店人职业素养要求、与部门经理互动座谈等活动。

“一日识岗”活动，让大一新生身临其境感受了酒店的工作环境，了解了酒店产品的构成，学习了行业规范，增强了职业认同感：在满足学生对于专业认知渴望的同时，也让学生较为系统地了解了未来不同岗位的技能需求，为今后的专业学习指明了方向，坚定了学生未来职业发展的目标和信念。

“‘一日识岗’学习对我的触动很大，没想到我们学校有这么高大上的教学酒店，一天的参观学习让自己感到了前所未有的自豪感和责任感。”烹饪与营养学院学生高雪表示，“认知学习活动让我们感受到了酒店的工作文化，酒店人员的服务非常细致，我也要在以后的学习中注重细节，精炼技能，将来在岗位上更好地为宾客服务。”

（四）“一月跟岗”，课岗融合开展专业学习

“一月跟岗”是学生在完成一定的专业基础知识学习和基本技能训练之后，到酒店参与具体的岗位实践，熟悉真实的工作场景，结合当学期的课程内容，以酒店为课堂，选择相对固定的岗位，跟着岗位导师一起完成真实的工作任务，通过做中学，体验所跟岗位工作内容和工作过程，巩固专业知识和技能的学习。

在跟岗实践中，“酒店市场营销”课程夏雯婷老师指导班级学生参与了酒

店多项营销策划，结合御冠酒店的产品，策划了开学季、中秋节、国庆节等系列营销活动，并在学校以及酒店微信公众号进行推送，发挥了很好的宣传效应。学生在参与策划的过程中，加深了对旅游产品、市场营销、财务等知识的理解，实现了专业所学从理论到实践的具体应用，培养了学生创新设计、团队合作和语言表达能力。

该班学生张畅畅说："在御冠酒店的营销实践让我深刻体会到，想法和创意非常重要，但最重要的是落实行动。酒店实践增长了我们的实战经验，学以致用，效果非常棒！"值得一提的是，在酒店的支持下，该班学生团队的"基于移动电子商务的教学酒店社会营销体系构建"获得了江苏省大学生实践创新创业训练计划项目立项。

正在参加"一月跟岗"的烹饪与营养学院学生束宇说："在跟岗中将学习内容有效应用到工作中，与普通的课堂教学相比，酒店真实环境的工作节奏感非常强烈，不会像平时在实训室里那么松散，这种学习方式是常规课程实训无法代替的。"

烹饪与营养学院副院长吕新河在组织烹饪类专业新一轮人才培养方案修订时介绍："目前冷菜专项班学生在跟岗实践中成长很快，效果非常好。为了更好地适应行业对于烹饪类人才的需求，学院将继续细化培养方向，和酒店有效衔接，共同培养符合酒店实际需求的技能强、素质高的专业烹饪人才。"该院副院长颜忠说："在跟岗中，酒店厨师长开展现场教学，学生在学习中完成了真实的岗位任务，同时还在实践中和岗位导师共同研发新菜品，不仅固化了学习成果，还激发了学生的实践创新意识。"

从去年3月至今，"一月跟岗"实践活动有机融合了酒店管理、烹调工艺与营养、西餐工艺等专业的核心课程，跟岗实践作为课程设计的有机组成部分，真正实现了以酒店为课堂、课岗融合，做到了实践成果可视可评，让学生学有所得、学有所思，大大提高了教学效果。

（五）"一轮顶岗"，综合培养专业技能水平

如果说"一日识岗"在于帮助学生认识专业和岗位，有助于引导学生尽早地进行专业学习和未来的职业规划，"一月跟岗"是在酒店岗位导师带领下将课堂所学应用到某一岗位的系统实践，"一轮顶岗"则是在学习了所有的专业课程之后，学生将所学的理论和技能全面应用到酒店实际工作中，承担起酒店不同岗位的真实工作任务，全面锻炼其专业综合素质和能力水平。

在"一轮顶岗"实践中，酒店扮演用人单位的角色，在相关专业中"招聘"实习生，最终双方达成共识后签订实习协议。学生在相关的岗位顶岗实

践，酒店对学生的工作完成情况进行过程考核，实现了实习过程即工作过程，实习考核即工作考核，注重学生综合素质的过程性培养。

作为学校的教学酒店，御冠酒店还承担着“育人”任务。实习期间每个学生都有 2~3 次轮岗机会，酒店尽可能让学生在不同工作岗位上锻炼，一方面可以让学生深切体会不同岗位的工作特点，另一方面可以让学生能够在未来的就业竞争中胜任多个岗位的工作。实习中，酒店为每一名实习生都配置了实习导师，实习导师既是工作伙伴又是点拨师傅，提高了学生的职业归属感和岗位忠诚度，不少学生顶岗实习之后，留在酒店，找到了适合自己的工作岗位。

在御冠酒店就业的郝健杰同学回忆道：“刚实习时，跟在师傅后面学，也有做得不好的、做错的，但是酒店实习导师永远都能悉心教导我，让我从一个毛头小子慢慢成长为可以独自操作大部分工作的酒店工作人员。”在谈到为什么选择留在酒店工作，他说：“我认为现在的酒店还有需要学习的东西，我还有很多的提升空间，酒店的导师们对我很好，整体的工作氛围我也非常喜欢，当然，相比于其他酒店，御冠给了我们相当不错的工作待遇。”

（六）工学交替，深化项目课程教学改革

为了充分挖掘御冠酒店“产学研创”的综合功能，“一店两院”项目以任务为驱动，协同推进专业核心课程的项目化教学改革，在“前厅服务与管理”“酒店市场营销”“中式冷菜制作工艺”“菜点创新与宴席设计”等十多门课程中开展了项目课程改革。

在项目课程改革中，学校教师与酒店岗位导师共同修订专业核心课程标准，收集和捕捉课程素材，丰富课程资源。教学内容结合课程内容和岗位需求，教学案例来源于酒店经营现实，确保学生所学内容与企业岗位所需的无缝接轨。课程实践设计上，实践项目模块与酒店的岗位工作任务充分对接，相关课程的教学内容在御冠酒店的真实运营场景里进行教学，教师参与酒店经营、学生参与酒店工作，以工学交替的形式完成课程内容的教与学。

在“餐饮运营与管理”课程教学中，酒店管理学院与御冠酒店共同举办了与外籍教师托马斯共进晚餐活动，学生在活动中了解西餐菜单的组成，学习餐具的使用方式以及如何点酒水、如何正确用餐等。外教托马斯表示，共进晚餐活动让自己在真实的用餐环境中向学生讲解西餐，学生非常放松，也变得主动，在这种氛围中学习西餐礼仪、感受西餐文化，效果非常好。

酒店管理学院学生冯一程在参加完这一活动后说：“晚宴那天，我特地穿了正装，打了领结，非常有仪式感。在活动中，托马斯老师和大家交流了很多西餐知识，相对于书本或者影视作品，这次亲身经历更加深刻。”整个活动过程学生全英文和外教交流，促进了专业英语的实战应用，也提高了自身的文明修养和社会交往能力。很多校外的学生也闻讯参加，先后有两百多名学生参与了这一活动，取得了非常好的教学成效。

烹饪与营养学院在课程改革中优化烹饪专业课程设置，如将“菜单与宴席设计”和“创新菜点开发和设计”两门课程整合为“菜点创新与宴席设计”，将教学内容分解为“百味台”“中国红”“食博荟”“民俗风”等项目，项目细化为“认识宴会”“宴会设计创新思路”“主题宴会设计制作与销售”“自助餐设计制作与销售”等模块，进而分解为具体任务。在教学过程中，专业教师和酒店导师在教学过程中指导学生完成学习任务，教学成果在酒店展示和销售，接受顾客品鉴。

在该课程的“食博荟”项目中，烹饪与营养学院和御冠酒店合作，开展了“致青春——毕业季”主题自助餐活动，项目通过小组学习的方式开展，学生通过自助餐主题设计、原料采购、菜点加工制作、宣传销售等实践活动，大大提高了专业技能，锻炼了组织协调和成本控制能力，同时培养了学生的团队合作意识和良好的职业意识。2017 年 12 月，学校接受联合国世界旅游组织旅游教育质量认证（UNWTO TedQual），学校学生的课程实践成果——江南风韵主题套餐受到了认证专家丹尼尔的高度评价。

（七）校企混编，建设“四双”课程教学团队

为更好实施“一店两院”产教深度融合项目，学校依托御冠教学酒店，建设“四双”课程教学团队——“双师”“双岗”“双职”“双薪”。教学团队教师包含专业教师和酒店岗位导师（“双师”），通过教师在酒店挂职锻炼，聘任酒店员工作为专业教师，实现校店人员互聘，真正实现“双岗”（教学岗和酒店岗）和“双职”（教学任务和酒店经营）。为了支持和激励更多教师和酒店员工参与，学校从经费上提供支撑，充分认可其教学工作和酒店工作，使相关教师享有学校和酒店薪酬的“双薪”待遇。这一举措既提升了专任教师的专业实践能力和业务水平，也提高了企业教师的课堂教学能力，逐步打造了一支“走进课堂能教学、走进酒店能工作”的“四双”师资队伍。

近两年，酒店管理学院、烹饪与营养学院共派遣 10 名专任教师，通过脱产、半脱产等形式，利用工作之余以及寒暑假在酒店各个部门和岗位挂职锻炼，积累专业实践经验，为开展课程教学提供了“新鲜”素材。

酒店管理学院教师景诚说：“我在酒店财务部挂职锻炼了一年多，自身的财务实践能力有很大提升。酒店快速高效的工作节奏也逐步改变了自己的工作习惯，如今自己能够在教学工作中更灵活地安排时间，大大提高了工作

成效。”

酒店管理学院郭小东老师谈道，从教学角度而言，对于酒店开业之前的相关知识的教学非常困难，作为一名专业教师，能够在酒店筹备期进行挂职锻炼是一次非常难得的学习体验，对于后期开展专业教学提供了非常好的教学案例和经验积累。

烹饪与营养学院年轻教师孙迁清表示：“通过在酒店厨房各岗位的锻炼，专业实操技能、工作协调性都得到明显提高；在酒店所见所学的内容可以及时带到课堂，融入教学，转化为教学内容帮助学生成长，成效非常明显。”

与此同时，酒店多名部门经理等高级管理人员在担任学生酒店岗位导师的同时，还承接了专业教学工作，如御冠酒店厨师长吴佑文，一直承担着“烹饪基础与实训”“菜点创新与宴席设计”等专业课程的教学工作。

为保证“四双”队伍的建设成效，校企双方共同制定了酒店导师聘任标准、双向挂职锻炼管理办法等相关规章制度，以保障专业教学和课程实践的有序开展，为实现专业人才培养目标，推进“一店两院”产教深度融合提供了智力保障。

（八）多元评价，注重合格职业人过程培养

“一店两院”产教融合项目的评价实施方面，改变了传统以教师为主、一次考试定成绩的评价模式，项目构建了以学生为中心、以成果为导向的课程评价体系，力争做到评价结果可视化。

在具体的评价指标设置上，结合“识岗”“跟岗”和“顶岗”的具体实践要求设置考核指标，将酒店不同部门核心工作岗位的职业能力要求和实践考核要求相对接，确保评价指标的细致和量化。

在具体的评价实施上，校方教师和酒店导师共同参与评价，认真记录学生的工作过程，并将考核结果转化为学分，计入学生课程成绩。教务处副处长孙爱民说：“在‘一店两院’课程实践评价上，阶段性的评价贯穿于整个过程，通过明确具体的评价指标，最终实现课程学业达标的学生即为岗位能力达标的酒店员工，切实做到注重专业人才的过程培养，确保培养合格职业人。”

（九）各方受益，现代酒店学徒制成效显著

“一店两院”项目深化了现代酒店学徒制的探索，创新了学校人才培养模式。学院与酒店双方合作开发课程，共同研究岗位技能任务，教学过程更注重“工作体验”和“做中学”，使学生在进入酒店岗位之前，能够达到合格员工的标准，学生通过实践能够尽快了解行业、适应岗位，并能够直接迁移应用到未来的工作岗位。

酒店管理学院副院长苏炜介绍：“‘一店两院’产教深度融合项目，通过实施识岗、跟岗、顶岗的分段递进实践教学，解决了传统酒店管理专业仅仅局限于低层次基础操作实训的问题，实现了教学内容和工作内容的无缝对接。”

在学生综合素质培养上，烹饪与营养学院党总支书记胡国勤说：“项目培养了学生的岗位适应性，学生的学习积极性得到了明显的提高，对于深入的专业学习起到了积极的促进作用。”

随着“一店两院”项目的实施，近两年，学校毕业生的岗位实践能力显著提升，备受行业和用人单位的赞誉，学生创新创业能力也不断增强。在今年教育部门举办的第四届中国“互联网+”大学生创新创业大赛中，该校共有153支项目团队报名参赛。在2018年3月31日结束的万礼豪程未来职业挑战赛区域赛中，南京旅游职业学院酒店管理专业学生代表队成为晋级全国八强仅有的一所高职院校参赛队，也再次证明了学院“一店两院”项目在学生综合职业能力培养上所取得的成效：课程实践提升了学生的就业能力，增强了学生的就业竞争力。近两年，学生在参与“市场营销策划大赛”和“职业能力规划大赛”等比赛中屡获佳绩。在过去两年全国职业院校技能大赛中，学校获得了五个一等奖，名列全国同类院校的前列。

御冠酒店总经理支海成说：“实践活动的开展，有效发挥了教学酒店服务教学的功能，看到学生的成长是一件非常高兴的事情。对酒店而言，学生们朝气蓬勃，有效提升了酒店员工的精神面貌。同时可以督促酒店员工钻研岗位导师的角色，修炼专业本领，以更好地履行职责。此外，学生一定程度上解决了酒店人力资源问题的同时，有效帮助酒店解决了运营及管理中的一些具体问题。”

（十）产教融合，专业课程建设硕果累累

经过两年的实践，“一店两院”产教深度融合项目已成为南京旅游职业学院推进现代酒店学徒制的重要载体，真正实现了工学交替的分段递进式人才培养，注重学生岗位技能的训练和综合职业素养的培养，提高了专业师生的实践能力和创新创业能力，提升了酒店及烹饪类专业人才培养质量。

在“一店两院”产教深度融合项目的推动下，学校专业建设水平和综合竞争力不断提高，建设成果显著。2017年该校酒店管理专业、烹调工艺与营养等5个专业通过联合国世界旅游组织旅游教育质量认证（UNWTO TedQual）；酒店管理专业入选全国职业院校旅游类示范专业，2017年学校被遴选为全国旅游职业教育校企合作示范基地。在课程资源建设上，依托酒店，学校开发企业生产实际教学案例229个、酒店标准化操作流程（SOP）等系列视频微课51

个，上线“前厅服务与管理”“鸡尾酒调制与创新”等4门省级在线开放课程，《前厅服务与管理》《客房服务与管理》两本教材被评为江苏省“十二五”重点教材。

5月11日，南京旅游职业学院实习生双选会如期举行，又有一批实习生将走向御冠酒店开展新一轮的顶岗实习，也揭开了“一店两院”项目第三轮实践的序幕。在校店双方的共同努力下，在专业教师和酒店导师的通力协作下，相信一年以后，定会有更多优秀毕业生自信地走向工作岗位，校企双方在现代酒店学徒制的改革实践中也必将会取得更多的硕果。

不允许出现没有“做”的课堂

——武昌职业学院会计专业教学改革创新纪实①

走进武昌职业学院会计专业教学的课堂，你会发现教师很“清闲”，学生很忙碌——忙着看书，忙着做账，忙着讨论……没有人玩手机，也没有人做与学习无关的事。这种课堂氛围是怎么营造出来的？

该校会计学院院长余浩介绍说，正是因为学院会计专业教学始终坚持“以做求学，以学定教，以行获知”的教学理念，提出不允许出现没有“做”的课堂。

（一）五步教学法：打造不一样的课堂教学

该校会计专业在教学实践中探索总结了教学做合一的多种方法，其中普遍适用且最为有效的是“任务驱动的五步教学法”，即每次课都通过完成特定的工作任务来完成特定的教学任务，从而实现以做求学的目的。

第一步，任务下达。在教学中，采用行动导向的教学方法，围绕工作任务，教师在做中教，学生在做中学，真正做到教学做合一。因此，教学的第一步，就是向学生明确下达工作任务。严格地讲，工作任务是由课程设计者设计、教材编写者在教材中提出来的。任课教师在向学生下达工作任务时，就是落实教材提出的工作任务，界定完成任务的时间、质量和数量。由于学生在接受工作任务时，并不具有完成此项工作任务的能力，所以对他们来讲，工作任务是学习的载体，是达到学习目的、完成学习任务的手段。

---

① 钟伟. 不允许出现没有“做”的课堂——武昌职业学院会计专业教学改革创新纪实［N］. 中国教育报，2016-05-24.

第二步，知识导学。针对学生在接受工作任务后所产生的一系列问题，教师不要怀疑学生的探索精神和求知能力，应因势利导，做好知识导学工作。在这一环节，教师不应采用系统的讲授法，在此的唯一职责全在于一个“导”字，“导”的起点是学生存有的“问题”，“导”的终点是学生的“习得”，即学生在教师的指导下学到的知识。

第三步，动手操作。工作过程导向的课程教学应采用行动导向的教学方法，而行动导向的教学方法就是要让学生通过动手操作来学习。在这个环节，教师应根据不同的工作任务采用不同的教学方法。

对于操作难度不大的工作任务，可指导学生独立地进行操作，这时教师主要是做好引导、答疑、纠偏等工作；对于操作难度较大的工作任务，单个学生独立操作有困难的，教师可组织学生小组攻关，在小组内，针对具体的工作任务，进行分析研究，就如何动手操作充分发表意见，在此期间，教师也可深入小组进行点拨；对于有些操作难度大的工作任务，教师可进行操作示范，边讲边做，学生则边听边看边做，其中，教师操作示范，可以是工作任务的完整操作示范，也可以是其中难点部分的操作示范，可根据具体情况而定。

在这个环节，无论以上哪种教学方法，都离不开教师的精心设计和科学组织，教和学都是围绕操作来进行的。其中，学生的操作是根本，学生会操作是目的。教师的责任就是要设计好学生的操作任务，组织好学生的动手操作，使其达到会操作的目的。

第四步，讨论交流。通过前几步的教学活动，学生的学习效果和操作结果如何？每个学生都希望得到检验和评价。这时，教师应适时地组织讨论交流，以使其沿着有利于教学的方向发展。

讨论交流可采用不同方式进行，主要有自由发言式、点名发言式、代表发言式等。无论采用哪种方式，教师在讨论交流过程中都只起组织、引导的作用，对学生讨论不轻易下结论，这样有利于讨论深入进行下去，有利于学生的学习，有利于教师掌握学生的学习情况。

第五步，点评归纳。结合讨论交流的情况，教师应及时进行点评归纳，主要从三个方面进行。

一是评价学生动手操作的情况。要客观具体，既要指出不足、偏差和错误，又要充分肯定学生的成绩，要求学生边听评价，边修正其操作错误，尤其重要的是要分析学生产生操作错误的原因，讲清怎样避免操作错误的方法，要将评价学生操作情况与介绍相关知识有机结合起来，让学生通过理论与实践的结合学到知识，掌握技能。

二是将所涉及的知识进行系统归纳。仅结合操作评价介绍相关知识是不够的，还要将所涉及的知识进行系统归纳，简明扼要地讲解，将学生通过动手操作所获得的知识串联起来，使之系统化，以便学生在掌握技能的同时，系统、全面地掌握知识。

三是教师还应进行知识能力拓展，引导学生主动地探求知识、提升能力。知识能力拓展应是学生已有知识的延伸和现有能力的提升，因此既要考虑学生的接受程度，又要具有一定的挑战性，要能激发学生的求知欲望和提升能力的欲望，并且能实现学生学到知识提升能力的目的。

（二）一个不一样源于四个不一样

“会计专业之所以有不一样的课堂，是因为我们有不一样的教材、不一样的实训、不一样的教师、不一样的培养模式。”余浩认为，这五者是系统工程，相辅相成、相得益彰。

学院会计专业在进行课程重构的基础上，开发了教学、做合一的会计系列教材，独具特色。一是教材内容理论实践一体化；二是教材体系工作任务过程化；三是教材有利于教学做一体化。

走进会计实训中心，你会发现，这个实训中心与同类院校的实训中心不一样，学生进入实训中心，仿佛不是在实训，而是在企业的财务部门上班。还是学生说得好：“会计实训期间，我们感觉不是在学校，而是在企业；不是在实训室，而是在财务处；不是在上课，而是在上班；不是在当学生，而是在当会计。”

在武昌职业学院做一名会计教师，需要善于运用会计的职业语言进行会计教学，要会学习、会教学、会研究、会做账，还要具备开拓创新、课程设计、教材开发、职业求新、职业操作、职业教学六种能力。同时，会计教师还需由单一教书的角色转变成职业教学的组织者、职业知识的传授者、职业操作的示范者、职业能力的培养者、职业疑难的咨询者、职业道德的教育者六种角色。

该校会计专业采用全程性系统化五级能力递进人才培养模式，将能力培养由低到高分成五级，每级都有明确的培养目标、课程内容、培养手段、教学方法、考核标准等。

一级能力的培养，主要是结合理实一体课程的教学，采用教学做合一的教学模式，培养学生的会计单项操作能力。二级能力的培养，主要是通过会计仿真训练，采用做中学、做中教的教学方法，培养学生独立进行会计仿真操作的能力。三级能力的培养，主要是结合会计分岗实操课程教学，采用教学做合一的教学模式，培养学生对会计角色、财务环境和工作过程的认同感，以及协同进行会计实际业务处理的能力。四级能力的培养，主要是通过代账业务的处理，采用真账实做的方法，全面培养学生的职业认同感和独立处理实际会计业务的能力。五级能力的培养，主要是通过顶岗实习，培养学生适应社会和单位、从事实际会计工作的能力。为了达到顶岗实习的目标，会计专业采用集中与分散相结合的方法，尽量让学生进入会计岗位实习，并加强对实习全过程进行有效管理。五级能力的培养遵循职业教育规律，贯穿人才培养全过程，由低级到高级逐步递进，由单项到综合形成系统，由学校到企业无缝对接。

通过这样一系列的教学改革，该校会计专业毕业生专业素质有了很大的提升，就业竞争力、创业能力明显提高。2015 届会计专业毕业生谢泉刚刚毕业就创办了一家财务公司，像模像样地当起了公司经理。他自信地说："我的这一角色在学校就做过，现在做起来轻车熟路并不陌生。"

搭建特色育人平台 提升人才培养质量

——秦皇岛职业技术学院打造焙烤食品加工技术基地特色品牌[①]

目前，随着焙烤食品加工行业的高速发展，西饼店、面包店、糕点制作等如雨后春笋般地成了市场经济体制下的一枝奇葩。据有关资料显示：全国西饼、面包、糕点制作有 10 多万家，年产值近 1 000 亿元以上，极大地促进了社会经济的发展。值得注意的是：西点企业的快速崛起带来了"人才荒"，尤其是优秀烘焙技术人才少之又少。如何培养技术技能人才，是新形势下职业教育的重中之重。

近年来，秦皇岛职业技术学院紧扣市场需求，设置与产业转型升级密切联系的焙烤食品加工技术专业，借助校内优质教育资源，联手多家企业建成了焙烤食品加工技术基地。这一创新品牌，在人才培养模式上体现了"因事而化"，着力培养学生的动手操作能力。同时，还与全国 10 多家大型焙烤生产企业、五星级酒店、餐饮企业等建立了紧密合作关系，使基地具备了生产经营、社会培训、成果展示等特色功能，做到了"因势而新"，为产教融合的深化与人才培养质量的提升搭建了平台。

---

① 李国新，张健. 搭建特色育人平台 提升人才培养质量——秦皇岛职业技术学院打造焙烤食品加工技术基地特色品牌 [N]. 中国教育报，2017-06-19.

创新之一：运行管理机制市场化。学校提供场地、设备，企业提供资金、技术支持和相应的管理培训以及技术人员，通过学校雄厚的办学基础和企业在市场经营中的实际运营能力，形成了“一体多翼”运行管理机制模式。即学校是主体，享有所有权、产权、加工权等；企业享有投资、提供原料、参与、销售等权利。同时，学校将企业先进的管理理念、管理制度与职业文化引入基地，具有“门店”性质，实现了人才培养与企业生产的对接；教学计划与生产计划的对接；师生与员工的对接；考核评价与产品质量评价的对接。“四大对接”的运行机制，发挥出了基地教学、实训、生产和技术服务的功能，为满足市场需求奠定了基础。

创新之二：实训教学生产化。焙烤食品加工技术基地具有真实的生产环境、企业文化和职业体验，教学活动不再是简单的模拟，而是“真刀真枪”地围绕市场开展实践活动。教学内容从企业承接相关业务，按照业务流程分解实训教学内容，采取“师徒制”形式，将技能训练融入生产的全过程。

这一创新还体现在专业以产品质量为考核评价学生实训成绩，教学实训不再是纯消耗的技能操作训练，从而既锻炼了学生的应用能力、提高了专业素质，又培养一批“双师型”高素质专业团队，为人才的培养探索了新途径。

创新之三：专业建设项目化。秦皇岛职业技术学院为使专业建设高效化，还由行业专家、专业教师、企业技术人员和优秀学生组成了专业技术团队，广泛服务于企业和社会，开发出具有品牌效应的新产品。在此基础上，还将技术服务项目“物化”为：专业课程与“工学结合”的校本教材，以此推进项目化教学和专业建设内涵发展。同时，又针对不同年级、不同层次、不同性格的学生，实行量身定做、项目分解、分层教学、各尽其才的育人方法，为人才培养能够适应多岗位、多渠道、多层面的需求打下良好的基础。

潮平两岸阔，风正一帆悬。如今秦皇岛职业技术学院主动对接地方优势产业，以实施“高等职业教育创新发展行动计划”为契机，以深化专业特色为重点，创新性地建设成了集教学实践、实习实训、生产经营、社会培训、成果展示“五位一体”的焙烤食品加工技术生产性实训基地，在全国同类职业院校中形成了一道亮丽的风景线。

新青年·新技能·新梦想

——上海版专高技术技能人才培养筑梦追梦圆梦之路[①]

上海市政府日前举行新闻发布会，宣布中国上海将与瑞士巴塞尔争夺2021年第46届世界技能大赛的主办权。发布会上公布了上海市的申办口号是，“新青年、新技能、新梦想”。这一申办口号，符合世界技能组织所聚焦的青年人群和所倡导的通过“技能改变人生、实现梦想”的核心理念，契合我国当前聚焦青年所提出的“工匠精神”“中国梦”的现实要求。而上海出版印刷高等专科学校（以下简称“上海版专”）培养“国际视野、人文素养、艺术眼光、创新意识的印刷出版传媒类高端应用技术技能型人才”的办学目标也与之相吻合。

从“中国梦”的光辉照亮职教领域和技能人才的那一刻起，在上海版专全体师生心中便亮起了一盏崭新的长明灯。上海版专以“中国梦”“技能铸就梦想”来丰富校园文化的内涵，以“中国梦”“技能铸就梦想”的高度重视技术技能人才的培养，以“中国梦”“技能铸就梦想”所蕴含的激情来激发教师教书育人的积极性，以“中国梦”“技能铸就梦想”所展现的美好前景来激励青年学生追求成长成才成功的梦想。上海版专在人才培养过程中走出了一条独具特色的“育人梦”之路。

（一）加强思想文化引领扬起“梦”之起航风帆

上海版专高度重视思想文化的教育、融合和引领，坚持以文化人。通过优化育人文化环境，增强青年学生对职业教育的认同感、对学校的归属感、对所学专业的热爱感。点燃学生在所学领域施展才华和成才成功的职业梦想。在思想文化引领过程中，学校坚持创新载体，将“崇技尚能”融入学校课堂；挖掘内涵，将“崇技尚能”融入学校文化；崇尚实践，将“崇技尚能”融入实际行动。

创新载体，将“崇技尚能”融入学校课堂。一是重视入学教育第一课。上海版专坚持先声夺人，在学生入学时将黄炎培的“谋个性之发展，为个人谋生之准备，为个人服务社会之准备，为国家及世界增进生产力之准备”的

① 陈斌. 新青年·新技能·新梦想——上海版专高技术技能人才培养筑梦追梦圆梦之路[N]. 解放日报，2017-05-04.

职业教育思想以及学校及专业认知作为入学教育的主要内容，让学生对所学领域、所属学校、所学专业有较为全面的认识，并培养较深的感情。二是融入第一课堂主渠道。推动职业教育思想、“崇技尚能”教育进入两课课堂，邀请专家学者多视角解读职业教育、“崇技尚能”思想深刻内涵等。三是创新第二课堂主阵地。面向全体学生开展“我的大学与我的中国梦”等主题团日，举办“技能铸就梦想”等专题活动，让青年学生在学习、思辨中进一步加深对“崇技尚能”的了解。四是引领第三课堂主媒体。学校把媒体尤其学生聚集的新媒体平台作为育人的第三课堂，全面引导校园舆论方向，在全媒体宣传网络持续宣传“崇技尚能”主题。用正面声音和深度评论占领网络阵地，在全校学生中形成了“崇技尚能”“技能铸就梦想”的良好舆论氛围。

挖掘内涵，将“崇技尚能”融入校园文化。上海版专深入挖掘学校历史、传统、校风等与“中国梦”“技能铸就梦想”的契合点，让崇尚技术技能、追逐青春梦想成为崭新的校园时尚。一是将“崇技尚能”融入校史文化，积极挖掘中国印刷职业教育的首创者与实践者、学校第一任老校长万启盈等老一辈印刷出版人的职业教育思想，彰显学校文化育人的思想灵魂。二是让“崇技尚能”引航励志文化，学校推出“群星耀印刷”等系列精品活动，通过个人采访、成长事迹汇报、展板宣传等形式表彰在专业技能大赛等中表现优秀的青年学生，在全校树立学习榜样，凝聚榜样力量，传承榜样精神，形成积极进取、努力为梦想拼搏的良好学习氛围，使“崇技尚能”成为学生励志前行的思想灯塔。

崇尚实践，将“崇技尚能”融入实际行动。上海版专一是积极开展“技能筑梦”行动，通过“与技能冠军面对面”、走进专业、走进名企、名师讲坛、技能竞赛等活动加强学生职业认同和技能认同教育，着力培养学生弘扬“工匠精神”“崇尚技能”的意志品质，用特色鲜明的“专业梦”“技能梦”托举“职业梦”“中国梦”。二是深入推进“实践探梦”行动，学校深化“红色印记”实践活动，组织青年学生深入革命根据地追忆学校首任校长万启盈艰苦卓绝的红色印刷开创精神，在实践体验中继承和发扬老前辈的“印刷精神”。三是大力支持“青春圆梦”行动，学校广泛宣传杰出校友的发展历程和优秀业绩，鼓励和支持学生热爱所学专业、尊重技术技能、积极创新创业，引导学生把职业选择融入担当新闻出版行业发展重任的需要中，在全校学生中形成人人学技能、个个当能手的“比、学、赶、超”的热潮。

（二）深入开展通识教育牢固夯实“梦”之基石

上海版专始终认为，培养健全人格、注重个人全面发展的通识教育是大学教育的灵魂，接受过上海版专教育的学生不应只是专业的工匠，而应是高素养、强创新、宽视野、跨专业知识面的技术技能型人才，在谈吐、举止和气质上都能与众不同，多一种人文气质、多一些人文素养、多一份人文情怀，具有独立思考能力、创新创业能力、团队合作能力和社会担当能力，为放飞职业梦想打下坚实的基础。

注重学生多学科知识结构的构建。作为一所文化门类较齐全的特色高等职业院校，“工、文、艺”融汇是上海版专最大的优势，也是上海版专的特色。学校培养一流的高素质技术技能型人才，关键是把多学科综合性优势体现到人才培养过程中，增强学生的竞争力和后发优势。上海版专在办学过程中形成了工、文、艺相互渗透且有鲜明特色的“印刷工程与包装设计”“出版传播与文化管理”“艺术设计与影视动漫”三大专业群，在教学活动中相互交叉、相互渗透、相互支撑，各专业群教学内容相互交融；在学籍管理制度上，支持并要求学生有跨系部、跨专业学习的经历，培养学生多方面的知识与能力结构。

注重学生思想、心理、人文素质的提高。一是通过构建通识教育课程体系，引进“尔雅通识教育网络课程”和“智慧树平台网络课程”丰富公共选修课程内容，强化学生社会主义核心价值观等教育，加强学生思想素质与心理素质、人文素养与职业素养的培养。二是通过举办“版专大讲堂”，邀请学术造诣深厚、有广泛社会影响力的海内外知名人士为青年学生开设系列讲座，采取有效方式引导学生积极参与，帮助学生深入理解文明传承、广泛了解多元文化、丰富人生阅历、提升艺术涵养和综合素质，打造具有上海版专特色的通识教育讲座品牌。三是通过学校建立的上海印刷博物馆、图书馆精品阅览室、师生艺术作品陈列室等对学生进行素质教育，传递高雅的文化品位和艺术情调，促进学生科学文化素质和艺术审美素质的协调发展。

注重学生创新创业能力的培养。上海版专积极搭建了“大学生社会化内容生产创筹平台”“筑梦空间——创意中心”“创新创业学院”、环版专文化创新产业带等载体，努力为学生实现创新创意提供优质的实践平台。学校加大对创新创业师资队伍的打造，大力加强创新创业教育指导力度，组建学生管理团队与创意团队，着重培养学生的创新意识、创业能力。学校通过加强创新创业课程体系建设，使学校的专业设置更加适应学科专业发展前沿、“双创”教育的定位和要求。通过努力打造学生社团，使其成为第一课堂的重要补充、实施个性化教育的载体和培养学生兴趣、爱好和特长的重要平台，让每个学生在第一课堂以外都能找到培养自己爱好、启发潜质、激发创新活力的“第二课堂”。

注重学生国际视野的开拓。目前，国际化办学已成为学校的品牌和亮点。上海版专已经与世界 30 多个国家和地区的高等院校、知名公司、行业组织等建立了合作与交流关系。学校每年陆续派出数十位教师前往世界知名行业院校进修学习，参加国际专业学术活动、国际专业展览、职业技能竞赛活动、专业培训及考察，把握行业、专业的前沿进展与发展动态，以实现教学水平与行业最新技术对接，为培养学生参与国际竞争的能力奠定了良好的基础。学校还在英国博尔顿大学、芬兰奥卢大学、莫斯科国立印刷大学、新加坡南洋理工大学等建立了海外实习基地、海外工作站以及共建实验室，每年选派优秀学生到海外游学实习，开拓学生国际视野。同时学校对英语教学非常重视，为青年学生创造了良好的英语教学环境和氛围，鼓励学生积极学习外语以便更好接触世界先进的理念与技术。使学生具有国际交流的经历、国际交流的能力和国际交流的“胆商”，是学校开展通识教育的重要一环。

（三）深化教育教学改革紧紧抓住绘“梦”之诀

回顾学校的发展经验，上海版专认识到，学校之所以能够发展壮大，学校青年学生之所以能实现梦想，凭知识和技能从校园走向世界。影响因素很多，但重中之重就是因为长期以来以校企合作为抓手，以技能大赛为平台，深化教育教学改革，全力提升教学质量。

以校企合作为抓手，促进教育教学改革。一是坚持校企联合制订培养方案。学校各专业建设委员会联合相关行业企业，将行业标准、企业文化、岗位需求融入人才培养方案，调整教学内容和课程体系，制定课程标准，确定教学方案，设计教学环境，开发各类教学资源。二是坚持校企双方共同组织实施教学过程。严格按照企业工作流程实施工作任务，引入新闻出版龙头企业现场工作标准化作业步骤，使学生在学校就能熟悉企业的工作流程，掌握工作过程中的实践知识。比如在实习教学过程中，将实习环节分为认知实习、认职实习、顶岗实习三部分，增强实习教学的针对性和有效性。三是校企联合培养师资队伍。为了打造“上得了讲堂下得了车间”的双师结构教学团队，学校通过校企合作这个桥梁纽带，坚持“走出去、请进来”。第一，坚持“要上讲堂，先下企业”。每年暑假要求专业课教师下企业，带着任务到车间、带着技术去交流。第二，坚持“优秀校外人才进课堂”。学校各专业还外聘了一批兼职教师，这些校外兼职教师主要来自校外实习基地，他们都是企业的高级管理人员、工程技术人员或能工巧匠，大都具有中高级专业技术职务。

以技能大赛为平台，提升教育教学质量。一是以大赛推进课程教学改革，强化技能教学。通过参加国内外知名行业职业技能大赛，认真研究国内外先进技能大赛规程和内涵，引进国际先进生产技术、工艺流程、产品标准、服务规范等，纳入各专业课程标准并融入教学内容，以国际先进技术和世界高技能竞赛水平指导学校高技能人才培养工作，培养和增强学生参与国际竞争的能力和水平。在教学计划的专业课程模块中将技能大赛的内容要求分解到不同的课程项目训练中；在专业课程项目的设置过程中，将大赛的理论知识与技能要求分解到不同的模块和项目中，从而构成完整的技能大赛与专业技能培训体系。二是以大赛加强实训基地建设，保障技能教学。学校按照国内和世界级技能大赛场地的要求和标准，实现学校实训环境与企业真实工作环境对接。学校与国内外企业合作，建成了具有国际一流技术和管理水平的现代印刷实训中心等实训基地，购置代表当前世界先进水平的各种四色胶印机等实训设备，形成“校中厂”模式的实践教学基地。同时学校将课堂建在拥有国际一流技术和设备的企业车间，形成“厂中校”形式的实践教学基地，企业为学生提供了在岗实操培训和顶岗实习的优良条件。三是以大赛促进教学质量提高，检验技能教学。学校坚持以大赛为载体，检验学校的专业教学水平和教育教学质量。国内和世界级技能大赛有效规范了对学生的教学评价标准，学校借鉴其要求和标准，进一步加强教学常规管理，完善教学质量监控体系和教学评价体系，实施对人才培养过程和人才培养质量的监控，及时调控教学行为，保证教学质量。

通过搭建大赛平台，学校实施“高技能优秀人才培养工程”，形成了技能竞赛制度和良好的培养选拔制度，实现了技能大赛由阶段性工作向常态性工作的转变，由少数师生参与向全体师生参与的转变，使技能大赛逐步成为师生成长成才和追逐梦想的重要平台和重要经历。

（四）立足新闻出版行业，为“梦”插上腾飞之翼

同普通教育相比，高等职业教育与整个社会、整个行业的联系更紧密、更具体，为整个社会的服务更直接。服务社会、服务行业是高等职业教育的宗旨，正如黄炎培先生所言，职业学校从其本质说来，就是社会性；从其作用说来，就是社会化……职业学校的基础，是完全筑于社会的需要上。所以说，立足新闻出版转型升级和产业发展需求，培养满足社会需求的技术技能型人才，是一代代版专人的责任和生存之道，在新闻出版行业这块热土上成长成才也成为版专学子追逐梦想、放飞梦想的动力所在。为此，上海版专保持与新闻出版行业的紧密结合关系，形成深度互动融合态势，以服务体现特色，以贡献赢得支持，使学校发展拥有强大后盾，为青年学生实现职业梦想提供有力支持。

为新闻出版产业发展提供智力支持。上海版专积极推动与行业、企业联动，与上海市新闻出版局、中国出版科学研究院、上海理工大学等共建了上海

出版传媒研究院；与中国印刷及设备器材工业协会共建了中国出版印刷行业发展研究中心；与上海印刷技术研究所共建了上海市印刷行业技术服务中心；与上海理工大学、张江数字出版集团等共建了上海市印刷行业技术服务中心；与富林特（油墨）上海有限公司、上海印刷技术研究所共建了国家省部级的重点实验室“柔软印刷绿色制版与标准化实验室”。学校紧密依托上述载体，以项目合作为纽带，相继组织和参与了《柔性版装潢印刷品》《数字印刷产品质量检测》《印刷技术术语数字印刷》《数字印刷分类原则与方法》《印刷前制作员职业技能》《平版印刷工职业技能》《平版印刷工预备技师职业技能》等国家标准的制定工作；承担并完成了浦东张江“国家级数字出版基地”建设方案、上海市“十二五”数字出版产业发展规划；开展了“上海数字印刷在线集成管理与服务平台的构建”“数字印刷质量控制中的智能故障诊断理论与技术研究”“数字媒体产业特征及其发展趋势研究”“数字版权的技术保护问题研究”“光全息水印技术应用研究”“现代印刷标准化指标研制与推广”等一批重大项目开发研究。上述项目，不仅为新闻出版产业发展提供技术支撑，增强了社会服务能力，扩大了学校的影响力和辐射力，同时也强化学校的办学特色，赢得行业对学校人才培养的重点支持。

为新闻出版产业发展提供人才支撑。60 多年来上海版专为我国新闻出版业培养了 6 万多名高层次技术骨干和行业高级管理人才，他们在不同领域和岗位发挥了重要作用，成为我国新闻出版事业发展的中流砥柱，其中有 26 名校友获得我国印刷界最高奖——“毕昇奖”和“森泽信夫奖”。他们通过努力奋斗为自己实现价值和梦想，为学校创造荣誉和品牌。当前实现中华民族伟大复兴的中国梦，点燃了当代版专青年心中的梦想。人人皆可成才、人人尽展其才的美好愿景，激励着当代版专青年为人生的目标而奋斗。新一代版专青年，精力充沛、思想敏锐、个性鲜明、可塑性强，可以顺应不断变化的大千世界；新一代版专青年，朝气蓬勃、追求梦想、积极向上、敢于担当，能够承接产业转型升级的历史重任。近年来，一批批青年才俊从校门踏入社会，服务社会，共筑伟大梦想。张波，毕业 8 年后成为上海印钞有限公司胶印车间机长；徐佳威，毕业后从校园书生成长为浙江省余姚市江南印务有限公司领导；王东东和张淑萍是第 42、43 届世界技能大赛印刷媒体技术项目铜牌、银牌获得者，选择留校任教，从青年技能选手成长为教练……以上学生在上海版专并非少数，“一花独放不是春，百花齐放春满园”，每个学生都能找到最适合自己的职业发展道路，焕发青春正能量，书写技能新梦想。

63 年春华秋实，63 年励精图治，各种荣誉纷至沓来，国家 100 所示范性骨干高职院校建设优秀单位之一、国家高等职业教育专业教学资源库建设单位、上海市建设现代大学制度的首批试点单位、国家新闻出版广电总局授予的“技能人才培养突出贡献奖”获奖单位、国家人力资源社会保障部授予的“国家技能人才培育突出贡献奖”获奖单位。正是出版专人始终秉持积极、认真的态度，锐意进取，不断深化教育教学改革，进一步提升服务行业发展的能力，才能紧紧抓住绘“梦”之诀，为“梦”插上腾飞之翼，让更多青年学生走上技能成才之路。

最近，上海版专的张淑萍成为第46届世界技能大赛申办形象大使，积极为中国上海申办第46届世界技能大赛贡献一分力量。我们拥有无数像张淑萍一样充满活力和创意的青年，这些青年有技能、有梦想、有激情、有冲劲！因为他们的存在，我们的申办变得更有底气、更有优势！世界技能大赛是比赛，更是一个舞台，它让莘莘学子相信，每个人都能绽放自己的春天，每个人都享有人生出彩的机会，每个人都拥有梦想成真的舞台！愿包括上海版专在内的青年学子能在自己的家门口，在世界技能大赛的舞台上，用精湛的技艺，铸就人生的梦想！

5年向社会输送毕业生110万人

——重庆市职业教育强力助推地方产业经济发展[①]

6部垂直电梯、导轨安装与调试、层门安装与调试等10个模块教学……11月17日，重庆日报记者在全国一流的电梯实训基地——重庆能源职业学院看到，身着统一工装的大学生正在老师的指导下进行实践操作。

“随着城市化进程的推进，电梯、自动扶梯等运用量巨大，电梯专业人才需求量也很大。”重庆能源职业学院相关负责人介绍，目前全国只有两所高校开设有电梯学院，16所高校有电梯工程专业，每年毕业生不足万人，全国电梯专业人才缺口高达20万人。因此，2014年重庆能源职业学院与世界500强企业瑞士迅达（中国）电梯公司共同创办了电梯学院。该学院每年的毕业生，总是早早地被“抢购”一空。

这只是我市职业教育发展的一个缩影。党的十九大报告指出，要完善职业教育和培训体系，深化产教融合、校企合作。近年来，作为部市共建的现代职

① 李星婷. 5年向社会输送毕业生110万人——重庆市职业教育强力助推地方产业经济发展[N]. 重庆日报，2017-11-20.

业教育体系国家制度建设试验区，我市职业教育不断围绕市场需求设置专业，通过产教融合培养高技能人才，强力助推地方产业经济的发展。

（一）基本形成与区域经济相匹配的职业教育体系

重庆能源职业学院从办学之始，就坚持“专业对接产业”的专业设置原则，构建了以“能源”为特色的专业群。

“2014年国务院办公厅出台《能源发展战略行动计划（2014—2020年）》后，学校更是根据国家能源发展的战略思路，全面梳理现有专业，构建起新能源汽车、建筑节能与绿色建筑设计、新能源与智能电网等等有特色的专业群。”该校相关负责人介绍。

在我市其他职业院校，也纷纷立足区域经济社会发展和产业结构需要进行专业调整，服务人才发展的需要。

比如，云计算是重庆市战略性新兴产业的重点发展领域，重庆工程职业技术学院在2015年与中兴通讯股份有限公司共建了中兴通讯信息学院，共同开展“云计算技术与应用”“移动通信技术”等专业人才培养；为满足城市轨道交通、铁道交通（含高铁动车）和智能交通发展对专业技术人才的大量需求，重庆公共运输职业学院开设了轨道电气系、轨道车辆与机械系、汽车工程系等6个系共27个专业……

“按照‘巩固一批、调整一批、淘汰一批、新建一批’的要求，近年来，重庆积极适应产业升级需要，不断优化调整中、高职院校专业。”市教委相关负责人介绍，目前我市有职业院校254所，在校生共约70余万人。其中，中职学校共设置18个专业大类、168个专业，高职院校共设置19个专业大类、312个专业，全市已基本形成与区域经济和产业转型升级相匹配的职业教育体系。

（二）校企融合推进人才培养

机器轰鸣，生产线上的“工人”们正在紧张有序地忙碌着……这是重庆工程职业技术学院与重庆铁强电子科技有限公司，通过校企合作共建的电气工程学院生产型实训基地。

“我们不仅在学校建起了‘校中厂’，还依托生产车间，开辟了‘企业课堂’。”重庆工程职业技术学院校长张进介绍，“企业课堂”将课堂直接搬进校内实训室，将理论和实践融合在生产现场的真实环境之中。3年来，学校先后与56家企业建立合作关系，通过共建实训基地等方式，在加快提高学生职业技能、教师“双师”能力培养以及社会服务等方面发挥了重要作用。

这样的“企业课堂”，在重庆的职业院校中还有很多。如重庆公共运输职业学院投资 4 000 万元与重庆轨道集团共同建成了西部一流、全国领先的智能化仿真城市轨道交通技术实训中心和铁路动车综合实训基地。

位于江津区白沙镇的重庆工商学校，创新地探索出“园团融合”集团化办学模式，牵头组建了西部地区最大的跨区域、跨行业的重庆工商职教集团。与之毗邻的江津职教工业园，在引进项目上，专门与职教集团的机械、电子、建筑等专业进行“匹配”；学校与园区企业则携手实施“订单培养”计划，共同推动职教集团与工业园区的融合发展。

市教委提供的数据显示，近年来，重庆共推进校企合作订单培养，建立产教融合的职教园区 16 个、职教集团 13 个，职业院校与 5 000 多家企业实行协同育人，5 年来订单式培养 20 余万人。

（三）为服务地方经济发展输送人才力量

重庆能源职业学院电梯工程技术专业学生王心逸明年 6 月才毕业，但他已与芬兰通力电梯公司重庆分公司签约。这让家在铜梁的他很高兴：“在离家近的地方工作，很安心。”

“随着重庆地方经济的发展和职业院校服务产业能力的不断提升，重庆职业院校毕业的学生不再‘孔雀东南飞’。”市教委相关负责人介绍，近 5 年来，重庆市职业院校毕业生平均就业率达到 97.6%，而留在重庆就业创业的人数占比达 84.5%。

重庆日报记者了解到，近 5 年，我市职业教育共向社会输送毕业生 110 万人，职业院校毕业生已成为服务地方经济发展的重要力量。

不仅如此，让贫困区县的青少年掌握“一技之长”成为专业技术人才，也是典型的“造血式”扶贫。比如重庆航天职业学院，每年会定向招收城口县中职学校的部分学生，以助力脱贫攻坚。来自市教委的数据显示，截至 2017 年 9 月，重庆市共有 7.2 万名建卡贫困家庭子女通过接受职业教育实现了“一人就业、全家脱贫”的目标。

“‘十三五’期间，按照党的十九大报告和构建现代职教体系国家制度建设试验区的要求，重庆市将进一步围绕地方经济发展战略的要求和产业布局，启动优质职业院校建设，增强职教专业对接产业发展的能力。”市教委相关负责人介绍，“十三五”期间，我市还将建设与产业高度对接的高职骨干（特色）专业（点）1 000 个，中职骨干（特色）专业（点）400 个，并进一步加大校企、校地合作，培育 10 个产学研联合体，建设 10 个示范性职教集团、50 个校企合作示范基地，20 个高职院校协同创新中心，以进一步提升职业教育服务社会经济的能力。

为“一带一路”培养国际化“工匠”
——常州信息职业技术学院南非职教合作纪实①

在12月3日举办的中南高级别人文交流机制第二次会议上，中南高级别人文交流机制中方主席发表讲话，鼓励有实力的职业院校和企业到南非开展职业教育，实施好援助南非职业培训学院升级改造项目。常州信息职业技术学院（以下简称常信院）作为高职院校仅有的代表受邀参加此次会议。从2017年开始，该校先后与南非工业和制造业培训署（Merseta）合作首创“实习+实训”留学生培训项目，成立跨境三主体学院，服务当地工业转型升级，走出了高职教育服务“一带一路”国家倡议的常信步伐。

定位、移动、切削……在苏州博众精工科技集团公司的巨大车间里，来自常信院的南非学生Lihaam Hendricks正与40多名同学反复练习着三轴数控铣床的操作技巧，这是Lihaam Hendricks在中国实习期间平凡的一天，却正书写着中国与南非建交20年来双方职业教育合作崭新的一页。从2017年开始，常信院积极响应国家“一带一路”倡议，与南非工业和制造业培训署（Merseta）合作开启了“实习+实训”留学生培训项目。两年来，141名南非学生来中国进修高端技能，将“中国创造”带回祖国，服务当地工业转型升级，而这仅仅是常信院南非职教合作的开始。

（一）服务中国企业走出去，设立中南职教合作新模式

“在中国，我能明显感受到第四次工业革命浪潮所带来的巨变，而南非，却尤其缺乏人工智能、3D打印、物联网、纳米技术、自动化等方面的高端人才。”在今年1月由常信院承办的中南职教合作磋商会上，南非工业和制造业培训署署长PATEL博士曾坦言，一方面，受惠于“一带一路”倡议，截至2017年年底，中南双边贸易额达291.7亿美元，中国对南非投资累计已超过250亿美元，另一方面，南非却有将近83万个高技能岗位无人胜任，中南产业合作与发展面临着技术技能人才的严重短缺。

国家教育部门要求高职院校积极响应“一带一路”倡议，在教育“走出去”方面承担起应有的责任和担当，尤其是国家示范校等高水平高职院校，

---

① 吴昊. 为“一带一路”培养国际化“工匠”——常州信息职业技术学院南非职教合作纪实［N］. 中国教育报，2018-12-10.

要有更大的作为。常信院校长周勇表示，作为始终专注于信息技术、软件工程、计算机技术等相关人才培养的国家示范性高职院校，常信院的国际化发展之路从很早就开始迈出，通过紧密对接“一带一路”国家倡议，“引进来和走出去”的双向努力，近年来，该校陆续获评“江苏省高校中外合作办学高水平示范性建设工程”“江苏省来华留学生教育先进集体”“2017 年国际影响力 50 强”等称号，高端技能人才培养的国际化基础日渐雄厚。

2017 年初，了解到南非当地中资企业的实际需求，经过远赴南非当地的实地调研和由双方政府部门牵头的反复磋商，常信院与南非工业和制造业培训署联合首次设立了留学生技术技能培养公派项目。万事开头难，项目起初的推进并不顺利，“怎样契合当地师生的实际需求设置培养方案，怎样为南非学生实习实训提供好包括条件、场地、后勤在内一系列的配套服务，都需要校企之间不断地协调并提出务实的举措。”该校副校长眭碧霞表示：“办学的国际化是高水平职业院校发展的必由之路，学校必须从人才培养方案、师资配备到校企合作做好综合改革。”为此，学校组建专项团队，跑企业、找资源、定方案、配师资……攻下了阻碍项目推进的各个难关。当经过申请和南非高教部专门面试的首批 89 名南非本科学历公费留学生来到学校后，校园里不仅增添了人文景色，学生们更得到了实实在在的收获。

“为了让南非学生学有所成，学校为他们量身定做了项目化教学与实境实习相结合的‘实习+实训’培养模式，这在以往的高职院校相关培养工作中是鲜有案例的”。根据该校南非留学生实习带队老师宋波的介绍，这批学生先在该校机电工程、电气自动化、软件工程、网络通信工程 4 个专业进行半年的项目实习，又在苏州博众、南通中天科技两家企业进行半年的企业实训。“实习+实训”，让学生们真正进入中国高职教育模式，融入真实工作环境，技能水平得到了高效的锤炼。Jakovljevic Zivojin 是一名毕业于南非东艾古莱尼职业技术学院机电工程专业的高才生，但当进入中国 500 强企业实习时，仍感到“震撼”，他说：“在家的时候只知道中国有成龙、有功夫。在常信院的学习和中天科技的实习，让我接触到先进的技术、感受到大公司的管理。这是我在南非从来没有看到过的。”除了学习技术，Jakovljevic Zivojin 还爱上了中国的文化，他给自己取了个中文名叫“左大宝”，“常信的校园里多了我们的身影，我们也增添了对中国文化的热爱，我们是中南友谊的见证和桥梁。”目前，常信院 2018 年南非学生技术技能培养也已开始。由于第一期学生均已在企业就业，并获得企业一致好评，今年项目一经启动，就得到了当地学生广泛的响应，经过严格遴选的 52 名南非学生于今年 6 月来到学校，即将完成前半年的校内实习。受到激励，该校也正在积极探索着与南非职教合作的下一步。

（二）发挥政校企协同优势，打造中南职教合作新版本

“如果说南非留学生到中国来接受技术技能培养是我校中南职教合作的1.0版本，我们目前正在打造将学校开到南非去的2.0版本。”在周勇规划的蓝图里，从引进西方优秀教学资源到输出专业、课程、师资、教学标准，是常信院围绕服务“一带一路”倡议，顺应我国高职教育国际化趋势的重要转变。2018年1月30日，学校与智能制造领域知名企业博众精工科技股份有限公司、南非中国文化和国际教育交流中心三方携手签约成立“常信院南非博众学院”，拉开了常信院南非职教合作2.0的帷幕。

作为跨境三主体学院，插上中南合作翅膀的“常信院南非博众学院”，始终围绕政校企协同的职业教育特征开展建设：学院初期主要聚焦智能制造领域的技术技能人才培训，设有“国内中心”和“南非中心”。“国内中心”由常信院负责建设，博众精工科技集团公司参与建设指导，并提供技术人员资源；“南非中心”设立在约翰内斯堡，常信院负责专业、课程、师资建设，并牵头制订培训标准，博众精工负责设备投入和实训师资建设以及操作规程制定，南非机构负责与南非政府、学校的协调、师资和技术技能人才培训的组织安排及培训证书在当地的认证。

在三主体架构中，企业走到教育的前台，扮演了重要的作用，“作为走出去的企业，我们十分希望能够招聘到当地大学的优秀毕业生、职校生，但是受限于当地的人才培养条件，人力资源成为制约公司在当地进一步发展的短板。”博众集团北京凡赛斯有限公司总经理蔡志敏认为，我国职业教育的经验、当地政府机构的资源和企业本身的设备、实训条件相结合，让走出去的企业看到了大规模招聘当地技术人才的希望。当然，作为协同办学的中枢环节，常信院也在大力实施高层次国际化师资培训及专业动态调整等措施，拼接南非职教合作2.0版本的每一块拼图。目前，“博众学院”的场地准备、首批设备运送安装及师资选拔、课题体系设计已接近完成，将于近期启动试运行。

（三）扩大教育合作影响，续写中南职教合作新篇章

如何更好地发挥中国与南非职业教育合作的作用？从与南非工业和制造业培训署（Meseta）合作伊始，常信院就没有停止这一思考。在范围上求效应，在深度上写文章，是该校交出的答卷。

在范围上求效应，就是扩大中南职教合作范围。2018年初，中国教育部门中外人文交流中心与南非工业和制造业培训署联合中南58家单位发起成立了“中南职业教育联盟”，常信院作为首批成员参与其中，在12月3日举行的

中南高级别人文交流机制第二次会议上，“中南职业教育联盟”项目作为教育领域成果案例在会场展示，得到了与会嘉宾的高度关注，常信院的南非职教合作探索得到了教育界人士的积极回应。

在深度上写文章，就是发挥人才集聚优势，对中南产业合作前景及其对技术技能人才的需求做前瞻性研究。为此，由常信院联合中国与南非产业研究专家、政府人员和重点企业，发起的“中国—南非产业合作与职业教育研究中心”应运而生，目前该中心已引进了包括南非科学院院士在内的6位中国、南非高校研究人员，聘用了30位校内外兼职研究员，初步组建起专家库，承担4项委托课题，聚焦南非人文历史、经济政策及与中国产业、职业教育合作的第一期研究成果已初步形成。

“以‘中国—南非职业教育合作联盟’为纽带、‘常信院—南非博众学院’为基地、‘中国—南非产业合作与职业教育研究中心’为智库，常信院正在以自身为媒，不断拓宽中南职业教育合作领域，推动职业院校国际合作与交流向纵深发展。面向未来，我们有充足理由相信，在‘一带一路’的倡议下，中南职教合作会有越来越多的参与者。”周勇说。

参考文献

[1] 杨金土. 20世纪我国高职发展历程回顾 [J]. 中国职业技术教育，2017 (9)：5-17.

[2] 靳启颖. 高职教育内涵式发展与外延式发展的比较研究 [J]. 职教通讯，2011 (21)：68-71.

[3] 马树超，范唯. 中国特色高等职业教育再认识 [J]. 中国高等教育，2008 (13)：53-55.

[4] 佛朝晖. 新起点下高职院校办学定位新思考 [N]. 中国教育报，2017-12-18.

[5] 范先佐. 教育经济学 [M]. 北京：中国人民大学出版社，2008.

[6] 苏东水. 产业经济学 [M]. 北京：高等教育出版社，2010.

[7] 郑霞，骆小民. 产业发展与职业教育的和谐性研究 [J]. 湖北社会科学，2010 (4)：160-162.

[8] 廖炼忠，晏月平. 职业教育与产业发展对接理论模型分析 [J]. 现代职业论丛，2014 (2)：68-74.

[9] 李振玉. 高等职业教育必须与产业结构调整相适应 [J]. 中国成人教育，2012 (19)：96-98.

[10] 李海东，杜怡萍，刘慧慧. 高等职业教育专业设置与经济发展的适应性研究 [J]. 中国职业技术教育，2013 (6)：58-61，92.

[11] 黄日强，许惠清. 能力本位职业教育的特征 [J]. 外国教育研究，2000，27 (5)：56-58.

[12] 葛锁网. 高等职业教育人才培养模式研究 [M]. 北京：研究出版社，2004.

[13] 和震. 论能力与能力本位职业教育 [J]. 教育科学，2003，19 (4)：47-48.

[14] 菲利普·科特勒，凯文·莱恩·凯勒. 营销管理（第14版·全球

版）[M]. 王永贵，译. 北京：中国人民大学出版社，2012.

[15] 郑玉双. 近十年高职院校品牌建设的研究述评与展望 [J]. 职教通讯，2013 (31)：65-69.

[16] 马必学，刘晓欢. 高等职业院校的品牌发展研究 [J]. 武汉职业技术学院学报，2011 (4)：5-11.

[17] 王恒. 我国大学品牌战略构建：从内涵解析到要素组合——基于市场营销学的分析 [J]. 江苏高教，2010 (6)：11-14.

[18] 赵丽霞. 高职院校专业品牌建设的研究——以市场营销专业为例 [J]. 当代教育科学，2013 (17)：51-52.

[19] 徐莲. 关于高职院校品牌化建设途径的探析 [J]. 职教论坛，2012 (8)：6-8.

[20] 刘桂林. 高职教师专业化：内涵、问题与对策 [J]. 职业技术教育，2012, 33 (25)：43-48.

[21] 邵建东. 高职教师专业化发展的困境、机遇及对策 [J]. 职教通讯，2009, 24 (11)：46-49.

[22] 徐耀强. 论“工匠精神”[J]. 红旗文稿，2017 (10)：25-27.

[23] 何文明. 职业教育应成为“工匠精神”培育的摇篮 [J]. 江苏教育，2016 (5)：30-31.

[24] 穆学君. 高职院校如何做好综合素质“营养套餐” [N]. 中国教育报，2009-8-31.

[25] 刘严. 高职学生综合素质学分管理体系的构建与实践 [J]. 现代交际，2013 (5)：195-196.

[26] 闫向东，付殿莲，刘同锋. 实施综合素质学分制度促进高职教育和谐发展——对我院学生综合素质学分制的分析 [J]. 中国校外教育，2009 (9)：2.

[27] 王敏勤. 由能力本位向素质本位转变——职业教育的变革 [J]. 教育研究，2002 (5)：65-66.

[28] 杨季兵. 近十年高职院校校园文化研究述评 [J]. 职业教育研究，2014 (4)：17-20.

[29] 黄必超. 高职特色校园文化创新路径探析 [J]. 高教论坛，2014 (3)：114-116.

[30] 董刚. 高等职业教育内涵式发展研究 [M]. 北京：高等教育出版社，2014.

[31] 中华人民共和国国民经济和社会发展第十三个五年规划纲要 [EB/OL]. [2011-3-177]. http://www.xinhuanet.com//politics/2016lh/2016-03/17/c_1118366322. htm.

[32] 国家新型城镇化规划（2014—2020 年）[EB/OL]. [2014-3-10]. http://www.gov.cn/zhengce/2014-03/16/content_2640075. htm.

[33] 上海教育科学研究院，麦可思研究院. 2016 中国高等职业教育质量年度报告 [M]. 北京：高等教育出版社，2016.

[34] 上海教育科学研究院，麦可思研究院. 2017 中国高等职业教育质量年度报告 [M]. 北京：高等教育出版社，2017.

[35] 金雁. 服务新型城镇化，地市高职如何作为 [N]. 中国教育报，2013-12-24.

[36] 罗尧成，肖纲领，陈敬良. 地市高职院校服务我国新型城镇化建设的思考 [J]. 教育发展研究，2014（7）：45-48.

[37] 国务院关于印发“十三五”脱贫攻坚规划的通知（国发〔2016〕64号）[EB/OL]. [2016-12-02] http://www.gov.cn/zhengce/content/2016-12/02/content_5142197. htm.

[38] 熊辉俊，王丽英. 科学创新谋发展 服务三峡谱新篇——重庆三峡职业学院围绕“现代农业”办学打造特色创新发展纪实 [N]. 中国教育报，2015-6-17（12）.

[39] 上海教育科学研究院，麦可思研究院. 2018 中国高等职业教育质量年度报告 [M]. 北京：高等教育出版社，2018.

[40] 教育部关于印发《推进共建“一带一路”教育行动》的通知（〔2016〕46 号）[EB/OL]. [2016-07-13]. http://www.moe.gov.cn/srcsite/A20/s7068/201608/t20160811_274679. html.

[41] 董洪亮. 打造一带一路职业教育共同体 [N]. 人民日报，2017-06-15.

[42] 张烁. 共建“一带一路”，教育做些啥 [N]. 人民日报. 2016-09-01.

[43] 国务院关于印发国家教育事业发展“十三五”规划的通知 国发〔2017〕（4）[EB/OL]. http://www.moe.gov.cn/jyb_xxgk/moe_1777/moe_1778/201701/t20170119_295319. html.

[44] 国家中长期教育改革和发展规划纲要（2010—2020 年）[EB/OL]. [2010-07-29]. http://old.moe.gov.cn/publicfiles/business/htmlfiles/moe/info_

list/201407/xxgk_171904. html.

[45] 关于加快发展现代职业教育的决定（国发〔2014〕19号）[EB/OL].[2014-05-02]. http://www.gov.cn/zhengce/content/2014-06/22/content_8901. htm

[46] 教育部关于推进高等职业教育改革创新引领职业教育科学发展的若干意见（教职成〔2011〕12号）[EB/OL].[2011-09-29]. http://www.moe.edu.cn/srcsite/A07/s7055/201109/t20110929_171561. html.

[47] 教育部关于印发《高等职业教育创新发展行动计划（2015-2018年）》的通知（教职成〔2015〕9号）[EB/OL].[2011-09-29].http://www.moe.gov.cn/srcsite/A07/moe_737/s3876_cxfz/201511/t20151102_216985. html.

[48] 高职高专教育网. 精准对接新旧动能转换——潍坊工程职业学院全面实施专业升级改造工程[EB/OL].[2018-05-20]. https://www.tech.net.cn/web/articleview.aspx? id=20180508081000335&cata_id=N123).

[49] 陈海艳. 南京旅游职业学院工学结合 塑酒店现代学徒制新模式[N]. 中国教育报，2018-06-20.

[50] 钟伟. 不允许出现没有“做”的课堂——武昌职业学院会计专业教学改革创新纪实[N]. 中国教育报，2016-05-24.

[51] 李国新，张健. 搭建特色育人平台 提升人才培养质量——秦皇岛职业技术学院打造焙烤食品加工技术基地特色品牌[N]. 中国教育报，2017-06-19.

[52] 陈斌. 新青年·新技能·新梦想——上海版专高技术技能人才培养筑梦追梦圆梦之路[N]. 解放日报，2017-05-04.

[53] 李星婷. 5年向社会输送毕业生110万人——重庆市职业教育强力助推地方产业经济发展[N]. 重庆日报，2017-11-20.

[54] 吴昊. 为“一带一路”培养国际化“工匠”——常州信息职业技术学院南非职教合作纪实[N]. 中国教育报，2018-12-10.